물과 원시림 사이에서

Zwischen Wasser und Urwald

Albert Schweitzer

물과 원시림 사이에서

알베르트 슈바이처 지음 | 송영택 옮김

문예출판사

차 례

1. 내가 원시림 속의 의사가 된 이유　7
2. 여행　21
3. 첫인상과 체험　47
4. 1913년 7월에서 1914년 1월까지　61
5. 1914년 1월에서 6월까지　101
6. 원시림의 벌목자와 뗏목꾼　136
7. 원시림 속의 사회문제　158
8. 1914년의 크리스마스　192
9. 1915년의 크리스마스　203
10. 선교에 대해　218
11. 에필로그　241

　슈바이처 박사의 생애　256

오고우에 강 유역의 지도

1
내가 원시림 속의 의사가 된 이유
- 오고우에 강 유역의 토지와 주민들

원시림을 향해

의사로서 적도 아프리카로 가기 위해 나는 스트라스부르 대학의 교직과 오르간과 문필을 버렸다. 내가 어떻게 그렇게 할 수 있었을까?

원시림 속 토인들의 비참한 생활을 나는 책에서 읽었고, 또 선교사들에게 들어 알고 있었다. 그들을 생각할수록 그 먼곳에서 우리에게 제기한 커다란 인도적인 문제에 대해서 우리 유럽인들이 아주 무관심하다는 것이 점점 더 이상하게 여겨졌다. 부자와 가난한 나사로의 비유*는 마치 우리들을 두고 이야기된 것같이 생각되었다.

우리는 의학의 진보로 병과 고통을 치유하는 많은 지식과 수단을 가지고 있으므로 부자라 할 수 있다. 우리들은 이 헤아릴 수 없이 부유한 이익을 너무나 당연한 것으로 받아들이고 있다. 그러나 저편 식민지에는 가난한 나사로인 유색인종이 있다. 그들은 우리들처럼, 아니 그 이상으로 병과 고통의 지배를 받으면서도 그것과 맞설 수단을 전혀 갖지 못하고 있는 것이다. 그 부자는 분별이 없어 자기 집 문앞의 가난한 자에게 죄를 범했다. 그가 가난한 자의 처지가 되어보지 못하고, 또 마음의 소리에 귀를 기울이지 않았기 때문이다. 그것은 우리들도 마찬가지다.

유럽의 여러 나라가 식민지에 의무관으로 보내고 있는 몇백 명 의사로는 저 큰 문제의 겨우 일부분밖에 손댈 수 없다고 나는 생각했다. 더욱이 의사의 대다수는 백인 이민자와 군대를 위한 진료

---

* 〈누가복음〉 16장 19~31절에 다음과 같은 이야기가 있다.
"한 부자가 있어 자색 옷과 고운 베옷을 입고 날마다 즐겁고 호화로운 생활을 했다. 그 집 대문간에는 사람들이 들어다 놓은 나사로 이름한 한 거지가 종기투성이 몸으로 누워, 부자의 상에서 떨어지는 것으로 배불리려 하매 심지어 개들이 와서 그 종기를 핥더라. 얼마 뒤에 그 거지가 죽어 천사들의 인도를 받아 아브라함의 품에 들어가고 부자도 죽어 땅에 묻히게 되었다. 부자가 죽음의 세계에서 고통 중에 눈을 들어 멀리 아브라함과 그의 품에 있는 나사로를 보고, 불러 가로되 아버지 아브라함이여 나를 불쌍히 여기사 나사로를 보내어 그 손가락 끝에 물을 찍어 내 혀를 서늘하게 하소서. 내가 이 불꽃 가운데서 고통받고 있나이다. 아브라함이 가로되 애야, 너는 살아 있는 동안에 네 좋은 것을 받았고 나사로는 고난을 받았으니 이것을 기억하라. 이제 저는 여기서 위로를 받고 너는 고난을 받느니라. 이뿐 아니라 너희와 우리 사이에 큰 구렁이 놓여 있어 여기서 너희에게 건너가고자 하되 할 수 없고 거기서 우리에게 건너올 수도 없게 했느니라. 가로되 그러면 구하노니 아버지여 나사로를 내 아버지의 집에 보내소서. 내 형제 다섯이 있으니 그를 보내어 그들만이라도 이 고통받는 곳에 오지 않게 하소서. 아브라함이 가로되 네 형제들에게는 모세와 선지자들이 있으니 그들에게 들을지니라. 가로되 그렇지 아니 하니이다. 아버지 아브라함이여. 만일 죽은 자가 살아나 저희에게 가는 자가 있으면 회개하리이다. 그러자 아브라함은 가로되 모세와 선지자들의 말을 듣지 아니하면 비록 죽은 자 가운데서 살아나는 자가 있을지라도 권함을 받지 아니하리라……."

"선을 행하고자 결심했다면 다른 사람이 자기를 위해서
 길 위에 있는 돌을 치워줄 것을 기대해서는 안 된다."

를 우선 목적으로 하기 때문이다. 우리 사회 자체가 인도적인 문제를 자신의 문제로 알지 않으면 안 된다. 우리 사회에서 지원한 많은 의사가 식민지로 파견되고 후원되어 토인들 사이에서 충분하게 선을 행할 시대가 오지 않으면 안 된다. 그때 비로소 우리는 문화인으로서 유색인종에 대한 책임을 깨닫고 또 그 책임을 이행하게 되는 것이다.

이러한 생각에 마음이 움직여, 내 나이 벌써 서른 살이 되었지만 의학을 배워 식민지 현실에서 그 생각을 실천해보려고 결심했다. 1913년 초에 의학 학위를 얻었다. 그해 봄, 이미 간호학을 수학한 아내와 함께 나는 적도 아프리카의 오고우에 강 유역으로 출발했다.

내가 이 지방을 선택한 것은 현지에서 파리 복음 선교회 일을 보고 있는 선교사들에게서 이곳에 특히 수면병이 점점 더 퍼져나가고 있으므로 의사가 꼭 필요하다고 들었기 때문이다. 이 선교회는 그들의 랑바레네 선교소의 가옥 하나를 나에게 제공하고, 그 부지 내에 병원을 세울 수 있도록 허가해주겠다고 했으며, 거기에다 또 앞날의 원조에 대한 기대도 갖게 해주었다.

그러나 내 사업 자금은 나 자신이 만들어야 했다. 나는 세 나라 말로 출간된 J. S. 바흐에 관한 나의 책과 오르간 연주회의 수익으로 사업 자금을 충당했다. 그러니까 라이프치히의 성 토마스 교회 합창대장*이 원시림 속의 흑인을 위한 병원 건립에 도움을 준 셈이다. 알자스와 프랑스, 독일과 스위스의 친구들도 자금을 지원해

슈바이처가 의사로 처음 활동한 오고우에 강 유역의 랑바레네 풍경.

주었다. 내가 유럽을 떠날 무렵, 내 사업은 앞으로 2년간은 보장되어 있었다. 나는 왕복 여비는 제외하고 비용을 연간 1만5천 프랑으로 예상했는데, 대체로 정확했다는 것이 증명되었다.

 이와 같이 나의 사업은, 자연과학 용어로 표현하면, 파리 복음 선교회와 서로 도우며 공생하고 있었다. 그러나 사업 자체는 종파를 초월한 국제적인 것이었다. 세계의 인도적 문제는 특정 나라나 종파의 소속자로서가 아닌, 인간으로서의 인간이 해결해야 한다는 것이 당시의 나의 확신이었고, 또 지금의 믿음이기도 하다.

---

 * 성 토마스 교회 합창대장이란 바로 앞에 이름이 나온, 독일의 작곡가 요한 제바스티안 바흐(1685~1750)를 말한다. 슈바이처 박사는 바흐의 오르간곡 연주에서 일인자이며, 바흐에 관한 그의 저서 《요한 제바스티안 바흐》는 세계적으로 유명하다.

장부 기입이나 물품 주문에 대한 주선을 스트라스부르의 친구들이 헌신적으로 맡아주었다. 짐은 파리 복음 선교회에 의해 그들의 짐과 함께 아프리카로 발송되었다.

오고우에 강 유역

내가 활동한 오고우에 지방에 대해서 몇 마디 하자면 오고우에는 식민지 가봉 지구에 속한다. 오고우에 강은 길이가 약 1만2천 킬로미터이며 콩고 강 북부와 나란히 흐르고 있다. 콩고 강보다 훨씬 작지만 그래도 당당한 대하를 이루고 있으며, 하류는 넓이가 1 내지 2킬로미터에 달한다. 하류 200킬로미터 지점에서 많은 지류로 나뉘어 카프 로페스(로페스 곶) 옆에서 대서양으로 흘러 들어간다. 해안에서 은졸레까지 350킬로미터가 넘는 구간에는 대형 증기선이 항행할 수 있다. 그 위로는 구릉과 산악지대가 연이어 아프리카 내부의 고원에 이른다. 이곳에서는 계속되는 여울과 항행이 가능한 긴 수역이 엇갈리고 있다. 여울을 거슬러 올라갈 수 있도록 특별히 만들어진 작은 스크류 기선이라든가 토인의 카누가 아니면 항행이 불가능하다.

중류와 상류지대에는 초원과 숲이 뒤섞여 있지만, 은졸레 이하의 하류에는 물과 원시림밖에 없다.

이 눅눅한 낮은 지대는 특히 커피, 후추, 계피, 바닐라, 코코아 등의 재배에 적합하다. 기름야자도 자란다. 그러나 유럽인의 주된 목적은 재배도, 원시림의 탄성고무 채취도 아니고 목재업에 있다. 오고우에 강은 모래펄이 없는 훌륭한 정박소를 가진 만으로 흘러 들어간다는 커다란 장점을 가지고 있다. 그러니까 좋은 항구, 특히 강구에 접한 좋은 항구가 적은 아프리카 서해안에서는 보기 드문, 목재 적재를 위한 좋은 조건을 갖춘 셈이다. 큰 뗏목이 모래펄이나 격랑으로 해서 갈기갈기 찢기어 흩어질 염려 없이 목재를 실을 배에 가 닿을 수가 있다. 그러므로 당분간은 목재업이 이 지방의 주요 사업이 될 것이다.

감자나 곡식은 무덥고 눅눅한 공기 때문에 너무 빨리 생장하므로, 슬프게도 재배할 수가 없다. 감자는 덩이 없이 줄기만 자라고, 곡식은 여물지 않는다. 쌀 재배도 여러 가지 이유로 불가능하다. 오고우에 강 하류 지역에서는 자라나는 풀이 사료로 부적당하기 때문에 소도 기르지 못한다. 상류 지역의 안쪽이라면 중부의 고원 지대에서 훌륭히 사육되는 것이다.

그러므로 밀가루, 쌀, 우유와 감자는 유럽에서 수입해야만 하고, 이 때문에 생활을 아주 귀찮고 값비싸게 한다.

랑바레네는 적도의 조금 남쪽에 위치하고 있으며, 계절은 남반구에 속한다. 그러니까 유럽이 여름일 때 그곳은 겨울이고, 유럽이 겨울일 때에는 여름이다. 그곳 겨울의 특징은 5월 말에서 10월 초까지 계속되는 건계다. 여름은 우계로서 이것이 10월 초에서 12월 중순까지, 정월 중순에서 5월 말까지 간다. 크리스마스 경에는 약 3, 4주일 계속되는 건계가 끼여 있어서, 이때에 더위가 절정에 이른다.

응달에서의 평균 온도는 우계에는 대략 섭씨 28~35도이며 겨울의 건계에는 25~30도이다. 밤에도 낮과 거의 같은 더위다. 이러한 사정과 대기의 아주 높은 습도로 인해 오고우에 강 하류 지역의 기후는 유럽인에게는 정말 견디기 어려울 정도다.

1년 쯤 머물러 있으면 벌써 피로와 빈혈 증상을 보이기 시작한다. 2년 내지 3년이 지나면 정상적으로 일을 할 수가 없게 되고, 적어도 8개월 정도 휴양을 위해 유럽으로 돌아가는 것이 최선의 방법이다.

백인 사망률은 1903년에 가봉의 수도 리브르빌에서 거의 14퍼센트에 달했다.

식민의 역사

전쟁(1차 세계대전) 전에는 오고우에 지방의 낮은 지대에 재배인, 목재업자, 상인, 관리, 선교사 등 약 200명의 백인이 살고 있었다. 토인의 수는 제시하기 어렵다. 아무튼 이 지방의 인구밀도는 매우 낮다. 옛날에는 융성하던 여덟 부족의 나머지가 있을 뿐이다. 3세기 동안의 노예매매와 독한 브랜디가 그만큼 엄청나게 인구를 감소시킨 것이다. 오고우에 강의 삼각주에 살고 있던 오룽

연구실의 슈바이처.

구 족은 거의 절멸했다. 랑바레네 지방을 점유하고 있던 갈로아 족은 기껏해야 8만 명밖에 남아 있지 않다. 이렇게 하여 생긴 공백 사이에 프랑스 말로 파우앵이라 불리는, 오지에 살면서 아직 문명에 접촉한 적이 없는 식인종 판족들이 침입해 왔다. 유럽인이 적당한 시기에 간섭하지 않았더라면 이 호전적인 종족은 오고우에의 낮은 지대의 여러 부족을 다 잡아먹었을 것이다. 랑바레네는 옛부터 강을 사이에 두고 파우앵 족과 여러 부족과의 경계를 이루고 있다.

가봉은 15세기 말에 포르투갈 인에 의해서 발견되었다. 이미 1521년에 가톨릭 선교사들이 오고우에 강구와 콩고 강구 사이의 해안에 정주하고 있었다. 카프 로페스는, 이들 선교사의 한 사람으로 1578년에 그곳에 온 오도아르도 로페스의 이름을 따서 지은 것이다.

18세기에는 제수이트 파가 몇천 명의 노예와 함께 해안에 큰 재배장을 꾸려나가고 있었다. 그러나 그들도 백인 상인과 마찬가지로 오지 깊은 곳으로는 들어가지 않았다.

19세기 중엽 프랑스가 영국과 함께 아프리카 서해안의 노예 매매를 중지했을 때인 1849년에 카프 로페스 만의 북쪽 항만을 함대 근거지와 해방된 노예의 이주지로 선택했다. 리브르빌(자유의 도시라는 뜻)이란 이름은 그것에서 연유한다. 몇 줄기로 나뉘어 카프 로페스 만으로 흘러 들어오는 좁은 물줄기가 하나의 큰 강에 속해 있다는 것을 그 당시의 백인들은 아직 모르고 있었다. 해안

"물과 원시림, 이 인상을 누가 표현할 수 있을까?"

의 흑인은 오지와의 거래를 자기의 손에 쥐고 있기 위해, 그 사실을 백인들에게 숨기고 있었던 것이다. 1862년에 비로소 세르발 중위가 리브르빌에서 육로로 남동쪽으로 가다가 랑바레네 지방의 오고우에 강을 발견했다. 이어서 카프 로페스를 기점으로 오고우에 강 하류가 조사되고, 토인의 추장들이 프랑스 보호령에 귀속될 것을 인정하기에 이른 것이다.

1880년대에 거래를 위해 해안에서 콩고 강의 항행이 가능한 부분까지 가장 편리한 길을 찾는 문제가 제기되었을 때, 드 브라자는 오고우에 강이 바로 그것이라고 믿었다. 오고우에 강은 스탄리 파르 호의 북서쪽 겨우 200킬로미터 지점에서 발원해 콩고 강 항행이 가능한 지류의 하나인 알리마 강과는 좁다란 분수령을 사이에 두고 있는 데에 지나지 않았기 때문이다. 실제로 그는 분해할 수 있는 증기선을 이 수로를 통해 콩고 강 중류로 운반하는 데 성공하기도 했다. 그러나 이 길은 오고우에 강 상류의 여울을 넘어가기가 어려웠기 때문에 수로로는 거래가 부적당하다는 것이 판명되었다.

1898년에 완성한 마타디에서 브라자빌 간 벨기에 콩고 철도 부설 덕분에 중부 콩고에 이르는 수로로서의 오고우에 강은 전혀 문제가 되지 않게 되었다. 오늘날에 와서 이 강은 아직 별로 조사되어 있지 않은 상류 지역으로 가는 교통로가 되어 있을 따름이다.

오고우에 강 유역 지방에 온 최초의 프로테스탄트 선교사들은 미국인이었다. 1860년의 일이었다. 그들은 프랑스 말로 교육하라는 프랑스 정부의 요구를 만족시킬 수 없었으므로, 나중에 파리 선교회에 사업을 양도했다. 오늘날에 이르러서는 프로테스탄트의 선교소로 은고모, 랑바레네, 삼키타, 탈라구가를 들 수 있다. 은고모는 해안에서 약 200킬로미터 떨어져 있다. 다른 세 선교소는 여기서 상류 쪽으로 각각 50킬로미터쯤 거리를 두고 늘어서 있다. 탈라구가는 증기선 항로의 종점인 은졸레의 맞은편 로맨틱한 섬에 있다.

각 선교소에는 선교사가 대개 기혼자 둘에 미혼자가 하나 있고, 그 외에 대개는 여교사 하나가 더 있기 때문에 아이들을 제외하고 다섯 내지 여섯 명의 인원이 있다.

가톨릭 선교회는 같은 지방에 세 개의 선교소를 가지고 있다. 랑바레네와 은졸레, 또 하나는 오고우에 강 최대의 지류인 은구니에 강변의 삼바 부근에 있다. 각 선교소마다 대개 세 사람의 신부, 수사 둘과 수녀, 모두 열 명 정도의 백인이 있다.

각 지구 장관은 카프 로페스, 랑바레네, 삼바 그리고 은졸레에 있다. 500명 정도의 흑인 병사가 경찰대로서 전 지역에 분산되어 있다.

처음 4년 반에 걸친 의사로서의 나의 활동은 이러한 지역과 이러한 사람들 사이에서 행해졌다. 그때 내가 체험하고 관찰한 것을 지금 이야기하는 것이다.

전쟁이 일어났을 때까지의 것은 내가 6개월마다 랑바레네에서 써서 친구들과 기부를 해준 사람들에게 인쇄한 편지로 보낸 보고

서에 의거한다. 전쟁 중에는 통신이 불가능했다. 이 시기의 것과 이 책에서 다루는 종교문제, 사회문제에 대해서는 내가 적어두었던 수기에 의지하기로 한다.

2
여행
- 랑바레네, 1913년 7월 초

보주 산맥에서 테네리파 섬까지

보주 산맥 속에 있는 나의 고향 마을 귄스바흐에서는 성(聖) 금요일(부활절 전의 금요일)의 오후 예배를 알리는 종소리가 막 그치려는 참이었다. 기차가 숲 변두리의 모퉁이를 돌아 나타났다. 아프리카로의 여행이 시작된 것이다. 이별을 해야 했다. 아내와 나는 기차의 맨 끝칸 승강대에 서 있었다. 수목들 사이에 떠 있는 교회탑의 끝자리를 마지막으로 보았다. 언제 다시 또 볼 수 있을까?

다음날 스트라스부르의 대성당이 멀리 사라졌을 때, 우리들은 벌써 외국에 와 있는 것 같은 생각이 들었다.

부활절 일요일에는 다시 한 번 파리에서 성 쉴피스 교회의 그리운 파이프오르간과 친구 비도르의 훌륭한 연주를 들었다. 2시에 보르도 행 기차가 케 도르세의 지하 정거장을 떠났다. 상쾌한

오고우에 강 언덕 위에 앉아 있는 슈바이처.

여행이었다. 곳곳마다 나들이 옷을 입은 사람들이 보였다. 달리는 기차를 보고 멀리서 인사하는 마을의 교회 종소리를 봄바람이 싣고 왔다. 거기에다 또 맑은 햇빛이 내리쏟아졌다. 꿈과 같이 아름다운 부활절이었다.

콩고 행 기선은 보르도까지 오지 않고 거기에서 바다 쪽으로 기차로 한 시간 반 정도 떨어져 있는 포야크에서 떠난다. 나는 화물편으로 먼저 보낸 큰 짐을 보르도 세관에서 찾아야 했다. 그런데 부활절 다음날이 월요일이라 세관은 업무를 보지 않았다. 화요일 오전만으로는 시간이 부족할 뻔했으나, 우리의 딱한 사정을 동정한 세관 관리가 규정대로의 수속을 면제해준 덕에 짐을 찾을 수가 있었다.

　우리는 가까스로 출발 시간에 맞추어 자동차 두 대로 짐과 함께 정거장에 도착했다. 거기에는 콩고 행 여객을 포야크의 배까지 운반할 기차가 벌써 연기를 내뿜고 있었다. 여러 가지 흥분된 일들을 겪고, 도와주던 사람들에게 모두 임금을 치른 다음에, 차칸에 자리를 잡았을 때 우리의 기분이란 이루 말로 다할 수 없었다.
　출발을 알리는 나팔 신호. 한 차에 탄 식민지 군인들이 자리를 잡았다. 기차는 교외로 미끄러져나갔다. 푸른 하늘, 부드러운 공기, 물, 꽃이 만발한 금작화, 풀을 뜯는 소. 한 시간 삼십 분 후에 거적으로 꾸린 짐과 상자와 무수한 통 사이에서 기차가 멎었다. 벌써 부두에 닿아 있었다. 열 발자국 앞에는 지롱드 강의 흐린 물 위에 가볍게 배가 흔들거리고 있었다. 배 이름은 '유럽 호'였다. 혼잡과 소음과 하역인부들을 부르는 소리 등, 밀고 밀치면서 좁은 판교를 건너 배에 올라섰다. 이름을 대자, 앞으로 삼주 동안 묵을 선실 번호를 일러주었다. 배정된 선실은 앞쪽, 기관실에서 떨어진 넓은 방이었다. 무척 다행한 일이었다.
　손을 씻을 틈도 없을 만큼 빨리 점심을 알리는 신호가 울려왔다. 우리 식탁에 같이 자리를 잡은 사람들은 몇 사람의 장교, 선의(船醫), 군의, 그리고 식민지 관리의 부인으로 요양 휴가를 마치고 남편에게 돌아가는 두 여자였다. 곧 알게 된 일이지만 이 사람들은 모두 아프리카 혹은 그 외의 식민지에 있어본 적이 있는 사람들이었다. 나와 아내는 우리들이 불쌍한 신출내기 철부지임을

원주민과 대화하는 슈바이처.

깨달았다. 나는 어머니가 이탈리아인 가축 상인에게서 여름철마다 새로 사들이던 닭을 생각해냈다. 그 닭은 며칠 전부터 있던 닭들 틈에 끼여 완전히 주눅이 들어 있었다. 동행자들의 얼굴이 어떤 열정과 결단을 드러내는 듯한 표정이었으므로 나에게 강렬한 인상을 주었다.

아직도 많은 화물을 더 실어야 했기 때문에 출항은 다음날 오후로 예정되었다. 흐린 하늘 아래 배는 서서히 지롱드 강을 내려갔다. 날이 저물 무렵에 긴 파도가 일어 배가 대양에 나와 있음을 알려주었다. 아홉 시에는 그만 명멸하는 등대 불빛도 보이지 않게 되었다.

선객들은 비스카야 만에 대해 여러 가지 불길한 이야기를 하고 있었다. 식탁마다 "그곳만 지나가버리면 무사할 텐데" 하고 말하고 있었다. 우리도 이 비스카야 만의 심술을 경험하게 되었다. 출항한 지 이틀째 되던 날 폭풍우가 불어닥치기 시작한 것이다. 배는 커다란 회전목마처럼 파도 위를 넘어가면서 기분 좋게 좌우로 흔들렸다. 콩고 행 기선은 대양 위에서는 다른 어떠한 원양 항해선보다도 심하게 흔들리는 배였다. 수위에 상관없이 콩고 강을 마타디까지 거슬러 올라갈 수 있도록 선체 크기에 비해서 바닥을 얕게 만들었기 때문이다.

나는 바다 여행 경험이 없었다. 그래서 선실에 가지고 들어온 트렁크 둘을 줄로 단단히 묶어두지 않았다. 밤이 되자 짐들이 마구 뒹굴기 시작했다. 헬멧이 든 커다란 모자 상자도 자기가 어떠한 곤경에 빠질지는 생각지도 않고 그 속에 끼어들었다. 트렁크를 붙들려다가 하마터면 한쪽 발이 트렁크와 벽 사이에 끼일 뻔하기도 했다. 그래서 그것들은 그들의 운명에 내맡겨두기로 하고, 다만 침대에 매달려 배가 한 번 흔들려서 트렁크가 서로 부딪칠 때까지 얼마만큼 시간이 걸리는가를 재어보는 것으로 만족했다. 나중에는 다른 선실에서 꼭 같은 소음과 함께 조리장과 식당에서 뒹굴기 시작한 그릇 소리까지 들려왔다. 아침이 되자 보이가 선실 안의 트렁크를 멋지게 고정하는 방법을 가르쳐주었다.

사흘 동안이나 험한 날씨는 조금도 가라앉지 않고 계속되었다. 선실이나 식당에서는 서거나 앉을 생각을 좀처럼 할 수가 없었다. 사방 구석으로 내던져져서 심한 상처를 입은 사람도 여럿 있었다. 요리사가 솥을 쓸 수가 없어서 일요일에는 찬 음식만 나왔다. 테네리파 섬에 가까워서야 겨우 폭풍우가 가라앉았다.

이 섬은 아름답기로 유명했다. 그래서 나는 섬이 첫 모습을 나타내는 것을 보려고 무척 기대하고 있었다. 그러나 그만 늦잠을 자버려서 눈을 떴을 때에는 이미 배가 항구로 들어서고 있었다. 닻을 내리자 벌써 배 양쪽이 석탄 창고로 둘러싸였다. 그 창고에서 기관의 자양분이 담긴 포대가 인양되어 천장을 통해 선창에 반입되었다.

테네리파 섬에서 카프 로페스까지

테네리파 시는 상당한 급경사를 이루며 바다까지 잇닿아 있는 언덕 위에 서 있었다. 완전히 스페인의 도시 같은 운치를 띠고 있다. 섬은 훌륭히 경작되어 있어서 아프리카 서해안 전체에 감자를, 그리고 유럽에는 봄감자와 철 이른 야채와 맛있는 바나나를 공급한다.

3시쯤에 닻을 올렸다. 나는 배 앞쪽에 서서 닻이 천천히 바다 밑에서 맑은 물 속으로 올라오는 것을 바라보았다. 그때 파란 새가 우아하게 바다 위를 날고 있는 것이 보였다. 그것이 비어〔飛魚. 날아다니는 물고기〕라고 한 선원이 가르쳐주었다.

남쪽을 향해 배가 해안에서 멀어지자 항구에서는 보이지 않았던, 눈에 싸인 최고봉의 정상이 서서히 떠올랐다. 그러나 우리들이 잔잔한 물결 위를 나아가면서 바닷물의 멋진 푸른 빛에 정신을 빼앗기고 있는 동안에 저녁 구름 속으로 사라지고 말았다.

여행 중 여기서부터 처음으로 선객들을 서로 알게 되었다. 주로 장교나 군의, 관리들이었고 의외로 상인들은 많지 않았다.

관리는 대개 자기의 상륙 지점만을 알고 있었다. 어디로 부임하는가는 도착한 그곳에서 처음으로 알게 된다.

각별히 친하게 지낸 사람들 중에 중위 한 사람과 또 관리(공무원) 한 사람이 있었다. 관리는 중부 콩고로 가는 길로, 2년 동안 아내와 아이들과 헤어져 있지 않으면 안 된다고 했다. 중위도 같

오고우에 강 전경.

은 처지로, 아베세까지 들어가는 것 같았다. 그는 이미 통킨, 마다가스카르, 세네갈 강변, 니제르 강변, 콩고 강변에서 지내본 적이 있고, 식민지의 모든 사정에 관심을 가지고 있었다. 흑인들 사이에 퍼지고 있는 회교에 대해서 그는 호감을 가질 수 없다고 했다. 회교 속에서 아프리카의 장래에 대한 커다란 위험을 본 것이다. 그는 나에게 말했다.

"회교도가 된 흑인은 이제 어쩔 수 없습니다. 철도를 깔아주고, 운하를 파주고, 경작지에 관개시설을 만들기 위해 몇백만금을 투입해도 그들은 아무런 감동을 받지 않을 겁니다. 유럽의 것이 아무리 유익하고 유복한 것일지라도 원칙적으로 모든 유럽의 것에 반감을 가지고 있으니까 말입니다. 그러나 마라부트(회교의 순회 설교사) 한 사람이 화려한 망토에 경쾌한 말을 타고 마을에 와보십시오. 당장 활기를 띱니다. 모두들 설교사 앞으로 몰려와서 병과 싸움에서 입은 상처와 뱀의 독과 악령과 나쁜 이웃을 제거하는 비싼 부적을 사려고 그동안 저축한 걸 다 털어버립니다. 흑인 주민이 회교에 귀의한 곳에서는 문화적으로나 경제적으로도 진보는 없습니다. 마다가스카르에서 첫 철도를 부설했을 때 토인들은 며칠이고 기관차 주위에 모여들어 놀라워하며 바라보았지요. 차가 증기를 내뿜자 환성을 올리며 이러한 것이 어떻게 달릴 수 있는가 하고 서로 의논이 분분했습니다. 그런데 회교도 흑인이 사는 아프리카 어느 도시에서 수력을 이용해 전등을 가설한 적이 있습니다. 토인이 전등빛에 깜짝 놀라리라 기대했지요. 그러나 전등불이 켜

진 첫날 밤에 토인들은 의논 끝에 모두 집에 들어앉아서 새것에 대한 냉담한 반응을 보였답니다."

한 군의와 알게 된 것은 나에게는 매우 도움이 되었다. 이 사람은 벌써 12년 동안이나 적도 아프리카에 있었으며, 지금 세균학 연구소장으로 그랑바삼에 부임하는 길이었다. 나의 부탁을 받아들여 나를 위해 매일 아침 두 시간 동안 열대 의학 전반에 대해서 이야기한다든가, 자기의 실험과 경험을 말해주었다. 그의 의견은 관직에 매이지 않은 자유로운 의사들이 되도록 많이 토인을 위해 헌신해줄 필요가 있다는 것이었다.

테네리파를 출항한 다음날, 노천에서는 언제나 헬멧을 쓰고 있으라는 명령이 군인들에게 내려졌다. 나는 이 규정이 이상하게 여겨졌다. 아직도 상당히 선선해 고국의 6월보다 더 덥지 않았기 때문이다. 그러나 이날 모자를 쓰지 않고 저녁 해를 바라보며 즐기고 있다가 '아프리카 통'으로 불리는 한 사람에게 책망을 들었다.

"오늘부터는 설령 조금도 덥지 않더라도 태양을 최악의 적으로 여겨야 합니다. 해가 뜨면 대낮이든 해질 무렵이든, 갠 날씨든 흐린 날씨든 가리지 않고 말입니다. 어째서 그렇게 태양이 해로운지는 모르겠습니다만, 아무튼 확실한 것은 적도 가까이까지 가기 전에 위험한 일사병이 생기는 일도 있고, 보기에는 아주 싱낭힌 아침 햇빛과 저녁 햇빛이 대낮에 뜨겁게 쬐는 햇빛보다 더 해롭다는 것입니다"라고 그는 말했다.

처음으로 아래위 모두 흰옷을 입고 헬멧을 썼을 때에는 야릇한 기분이었다. 이틀 동안은 가장을 하고 있는 것 같은 느낌이었다.

세네갈 식민지의 큰 항구 다카르에서 나는 아내와 같이 우리가 생애를 바치려고 하는 아프리카의 땅을 처음으로 밟았다. 엄숙한 기분이었다.

다카르에는 이후로도 좋은 추억이 남지 않을 것이다. 언제나 그곳의 동물 학대가 떠오르기 때문이다. 도시는 커다란 경사지에 있었고, 거리 일부는 아직도 형편없는 상태였다. 흑인에게 맡겨진 수레 끄는 짐승의 운명은 무서운 것이다. 다른 어느 곳에서도 이곳에서처럼 혹사되는 말과 당나귀를 본 적이 없다. 목재를 잔뜩 실은 수레가 갓 자갈을 깐 가로에 틀어박힌 채 있는데, 위에 타고 있는 두 흑인이 소리를 지르며 불쌍한 말에 매질을 하고 있는 곳을 마침 지나쳤다. 아무래도 나는 그냥 지나갈 수가 없었다. 그래서 억지로 두 사람을 수레에서 내리게 하고 셋이서 수레를 밀어 움직이게 했다. 흑인들은 무척 놀라워했으나 거부하지 않고 내 말을 들었다.

"동물 학대를 보아 넘길 수 없다면 아프리카 행을 그만두시죠."

돌아오는 길에 중위가 말했다.

"이곳에서는 이런 것쯤은 아무것도 아닙니다. 심한 예를 얼마든지 볼 수 있지요."

이 항구에서 우리들의 배에 흑인들이 타게 되었다. 대부분이 처자를 거느린 자유 노동자였다. 그들은 앞쪽 갑판에 누워, 밤에는 노천에서 자기 때문에 커다란 포대를 머리까지 뒤집어쓴다. 아낙네와 아이들은 부적을 가죽 주머니에 넣어 가득 달고 있다. 어머니 품에 안긴 젖먹이도 마찬가지였다.

나는 아프리카의 해안은 초목이 없이 황량하리라 상상했다. 그래서 다카르 다음의 정박지인 코나크리로 해안선을 따라 배가 나아가는 동안, 근사한 초록 숲만이 계속되며 기슭이 물결에 씻기는 것을 보고 놀랐다. 망원경으로 보니 흑인 부락의 뾰족한 천막도 보였다. 그 앞에는 모래펄의 물거품이 연기처럼 일고 있었다. 그러면서도 바다는 아주 잔잔하고, 해안은 평면처럼 보이는 것이었다.

"상어다! 상어다!"

이 소리에 나는 선실에서 뛰어나왔다. 가리키는 쪽을 보니, 배에서 50미터쯤 떨어진 곳에 검은 삼각형이 물 위로 솟아나와 배와 같은 방향으로 달리고 있었다. 바로 그 무서운 괴물의 지느러미인 것이다. 한번 그것을 본 사람은 결코 잊지 않을 것이며 다른 것과 혼동하지도 않을 것이다. 서아프리카 항구에는 어디든 상어가 우글거린다. 코토누에서는 음식 찌꺼기에 이끌려 배에서 10미터 거리까지 다가온 상어를 보았다. 광선도 좋고 바다도 맑았으므로, 잿빛과 노란빛으로 반짝이는 온 몸뚱이를 한참 동안이나 옆에서 바라볼 수 있었고, 반쯤 반듯이 누워, 누구나가 알듯이 머리 아래쪽에 있는 입으로 무엇이든 먹음직한 것을 먹으려 하는 꼴을 관찰할 수도 있었다.

상어가 우글거리는데도 어느 항구에서든 흑인들은 화폐를 주우려고 물 속에 뛰어들지만 좀처럼 사고는 일어나지 않는다. 그들이 물 속에 뛰어들 때 법석대는 소음이 바다의 하이에나인 상어의 신경을 자극하기 때문이다. 타부에서는 물에 뛰어드는 흑인들은 모두 화폐를 더 던져달라고 소리를 질렀는데, 그 중 한 흑인이 말이 없기에 이상하게 여겼다. 나중에 안 일이지만, 그는 그들 중에서 가장 솜씨가 뛰어난 자였고 입을 지갑 대신으로 해서 프랑스의 수 화폐와 독일의 그로셴 화폐를 가득 물고 있었기 때문에, 말을 할 수조차 없었던 것이다.

코나크리부터 배는 거의 언제나 해안을 쳐다보며 나아갔다. 후추 해안, 상아 해안, 황금 해안, 노예 해안…… 저 지평선 위에 줄지어 있는 숲이 여태까지 보아온 모든 잔학 행위를 이야기할 수 있다면! 이곳에 노예 상인이 상륙해 살아 있는 상품을 미국으로 운반하려고 배에 실었던 것이다.

"지금도 만사가 잘되어간다고는 할 수 없지요."

어느 큰 상점의 종업원이 말했다. 이 사람은 세 번째로 콩고 지방의 자기 부임지로 가는 길이었다.

"흑인들이 모르던 브랜디와 병을 전하고 있으니까요. 그 대신 우리들이 주는 재화가 그 폐해를 메울 수 있을는지요?"

나는 식사 중에 몇 번이나 여러 식탁의 선객들을 바라보지 않을 수 없었다. 아프리카에서 일한 적이 있는 사람들뿐이었다. 이들은 어떠한 마음으로 일을 했을까? 어떠한 이상을 가지고 있었을까? 여기서는 점잖고 다정하게 굴지만, 저쪽 자기 직장에서는

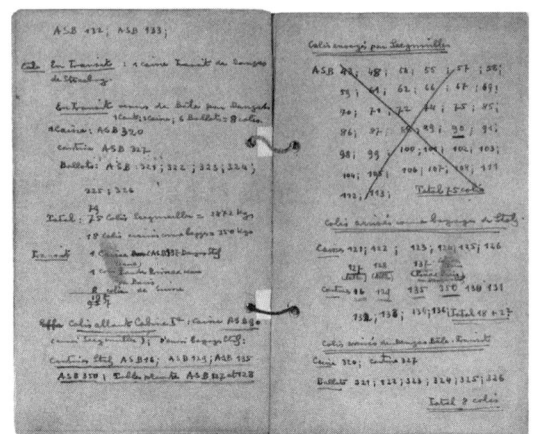

슈바이처의 수첩.

어떠할까? 자기의 책임에 대해서는 어떻게 생각할까?……

보르도에서 함께 출항한 우리들 300명은 며칠 후에 상륙해 세네갈 강, 니제르 강, 오고우에 강, 콩고 강, 그리고 그 지류를 거슬러 올라 멀리 차드 호까지 가서, 각자의 직장에서 2, 3년 동안 체류하게 된다. 우리들이 무엇을 할 수 있을 것인가? 여기 함께 배를 타고 있는 우리들 모두가 그 시기에 행하는 것을 기록한다면 어떤 책이 될 것인가? 재빨리 넘겨버리지 않으면 안 될 페이지는 하나도 없을까?……

배는 앞으로 나아간다. 그랑바삼…… 코토누…… 배가 닿을 때마다 여태까지 별로 친하게 지내지 않던 사람들까지도 마음속에서부터 이별의 인사를 나눈다.

"편안하시기를!"

이 말은 웃음으로 변하지만, 계속해 되풀이되고 이곳 하늘 아래에서는 엄숙하게 울린다. 이렇게 인사를 받던 사람이 다시 배를 탈 때에는 어떻게 변해 있을까? 과연 모두가 다 배를 탈 수 있을까?…… 기중기가 시끄럽게 소리를 낸다. 보트가 물결에 춤춘다. 항구 도시의 빨간 지붕들이 초록색 가운데서 눈부시게 인사한다. 갯가의 파도가 모래펄에 부딪쳐 높이 솟아오른다…… 그 뒤에는 측정할 수 없는 대지가 가로놓여 있다. 이 대지에서 지금 우리들과 헤어지는 사람들은 제각기 주인과 지배자가 되어 대지의 미래에 어떠한 의미를 가지게 된다. "편안하시기를! 편안하시기를!" 이 이별의 말도 그 뒤에 있는 모든 것에 비하면 너무나 가벼운 것 같이 나에게는 생각된다.

그랑바삼, 타부, 코토누에서는 날씨가 좋을 때에도 물결이 높기 때문에 선객들은 줄사다리를 건너서 보트에 내릴 수가 없고, 그네를 타듯이 네 사람씩 나무 상자에 실려 내려져야 했다. 적당한 순간을 잡아 네 사람씩 탄 상자를 심하게 출렁거리는 보트 위에 내리는 것은 기중기를 부리는 기사의 책임이다. 내려오는 상자 바로 밑에 있도록 보트를 유지하는 것은 흑인들 책임이다. 사고가 일어나는 경우도 드물지 않다. 화물을 부리는 데에도 큰 곤란이 따르며, 날씨가 좋아 파도가 잔잔할 때가 아니면 도무지 불가능하다. 서아프리카에 좋은 항구가 매우 적다는 것이 얼마나 중대한 일인가를 우리들은 비로소 이해하기 시작했다.

타부에서 항해 때마다 그렇듯이 하역인부로 50명의 흑인을 배에 태웠다. 그들을 콩고 강까지 태우고 가서 돌아오는 길에 다시 육지에 내려주었다. 배에 실은 화물의 주된 행선지인 리브르빌, 카프 로페스, 마타디에서의 하역을 돕게 하는 것이다.

그들은 일을 빈틈없이 해낸다. 포야크의 노동자들보다도 나은 편이다. 그러나 같은 배에 있는 다른 흑인들에게는 난폭하게 군다. 길을 가로막는다든가 하면 떠밀고 때리고 한다.

나는 더위에는 익숙해졌다. 대개의 선객이 유감스럽게, 아내도 그 중 한 사람이지만 불면증에 시달리기 시작했으나 나는 그럴 기미가 없었다.

밤에는 배가 헤치고 지나간 뒷자리의 바닷빛이 아름다웠다. 물거품이 인광을 발하고, 그 속에서 빛을 발하는 해파리가 타오르는 공처럼 떠오른다.

코나크리를 지난 뒤로는 거의 매일 밤 육지로 낙뢰하는 번갯불이 보였다. 배가 선풍을 일으키는 큰 비 속을 지난 적도 있었으나, 그로 인해 선선해지지는 않았다. 구름이 떠 있는 날에는 더위가 특히 더한 것 같았다. 바로 내리쪼이는 것도 아닌데 그럴 때의 태양이 훨씬 더 위험하다는 것이다.

4월 13일 아침, 일요일에 리브르빌에 도착했다. 여기서 우리들은 포드라는 미국인 선교사의 마중을 받았다. 그가 아프리카에 도착하고 최초의 선물로 선교소의 정원에서 재배한 꽃과 과실을 갖다주었다. 나는 선교소를 방문해달라는 초대를 기꺼이 받아들였다. 그곳은 바라카라고 불리는 곳이었는데, 리브르빌에서 3킬로미터 정도 떨어진 해안의 언덕 위에 있었다.

대나무로 얽은 흑인들의 아름다운 집들이 즐비하게 늘어선 곳을 지나서 언덕으로 올라가니 마침 예배의 합창이 끝나는 참이었다. 우리는 모두에게 소개되어 2, 30명의 흑인들과 악수를 했다. 이곳의 깨끗하게 차려입은 얌전한 사람들은, 여태까지 여러 항구 도시에서 보아온 흑인들과는 얼마나 다른가! 이제는 그들과 같은 얼굴을 전혀 볼 수가 없다. 거리낌 없는 동시에 겸손한 태도를 하고 있었다. 이것이 여태까지 많은 흑인들의 눈에서 내가 느껴오던 뻔뻔스럽고 비굴하고 괴로운 듯한 느낌을 완전히 가시게 해주었다.

리브르빌에서 카프 로페스까지는 여덟 시간 거리였다. 4월 14일, 월요일 아침, 이 항구가 보이기 시작하자, 요 일주일 동안에 벌써 몇 번이나 느끼고 있던 불안감에 휩싸였다. 세관! 세관! 항해 후반부에 들어서는 식사 때마다 식민지 세관의 끔찍한 이야기가 가장 많이 화제에 올랐다.

"화물 가격의 10퍼센트는 틀림없이 지불하게 될 겁니다"라고 한 '아프리카통'이 말하자, "거기에다 물건이 낡았건 새것이건 따지지 않습니다"라고 다른 사람이 덧붙였다.

그러나 세관 관리는 우리들을 상당히 너그럽게 대해주었다. 아마도 우리들이 70개의 화물 상자 품목을 적은 것을 제출했을 때의 걱정스런 얼굴이 그의 기분을 풀어주었는지도 모른다. 우리들은 가벼운 마음으로 배에 돌아왔다. 배에서 마지막 밤을 자기 위해서였다. 편히 잠들 수 없는 밤이었다. 기중기를 부리는 흑인이 지쳐서 쓰러질 때까지 화물을 풀고 석탄을 싣고 하는 것이 계속되었다.

오고우에 강에서 랑바레네까지

화요일 아침에 강을 항행하는 배 '알렘베 호'로 바꾸어 탔다. 이 배는 어떠한 수위에도 관계없이 강을 항행할 수 있도록 바닥이 아주 얕고 넓게 만들어져 있었다. 두 개의 바퀴 모양 추진기는 선체 양쪽 가로 나와 있지 않고 뒤쪽에 나란히 달려 있었다. 흘러 내려오는 목재와 충돌을 피하기 위한 것이다. '알렘베 호'는 이미 화물을 적재하고 있었으므로 선객과 수화물만 실었다. 나의 짐은 이 주일 후에 다른 배로 운반되게 되었다.

만조가 되었을 때에 오고우에 강구 앞의 모래펄을 안전하게 넘어서기 위해 배는 오전 아홉 시에 움직이기 시작했다. 육지에 내려가 있어서 미처 타지 못한 선객을 몇 내버려두고 떠났으나, 그날 저녁에 모터 보트로 뒤쫓아왔다.

물과 원시림!…… 이 인상을 누가 표현할 수 있을까? 꿈을 꾸는 것 같은 기분이었다. 어디에선가 상상화로 본 적이 있는 태고의 풍경이 바로 눈앞에 펼쳐져 있다. 어디까지가 강이고, 어디부터가 육지인지 구분할 수가 없다. 거대하게 얽힌 나무 뿌리가 열대 지방의 덩굴 식물에 덮여 강 속에까지 내려 잠겨 있다. 관목성 종려, 야자수, 그 사이사이에 초록빛 가지와 커다란 잎을 벌린 활엽수, 홀로 우뚝 솟아 있는 나무, 사람 키보다 큰 부채 모양의 잎을 단 파피루스의 넓은 들, 이러한 울창한 초록색 속에 하늘을 찌르듯 우뚝 솟은 채 말라가는 고목……. 모든 간벌에서 물이 반사되어 반짝이고 있다. 모퉁이마다 새 지류가 입을 벌리고 있다. 왜가리 한 마리가 육중하게 날아올랐다가 고목 위에 내려앉는다. 파란 새들이 물 위에 떠 있다. 물수리 한 쌍이 하늘 높이 맴돌고 있다. 저기, 잘못 본 게 아니다! 야자수에서 내려 처져 움직이고 있는 것은 두 줄기의 원숭이 꼬리다! 지금은 그 꼬리의 임자도 보이지 않는다. 이제 진짜 아프리카에 온 것이다.

   자꾸만 시간은 지나가지만 주위는 변하지 않는다. 모든 모퉁이가, 모든 구석구석이 닮아 있다. 언제까지나 같은 숲, 같은 누런 물빛. 단조로움이 이 자연의 위력을 한없이 높여준다. 한 시간 동안 눈을 감고 있다가 다시 떠보아도 전과 꼭 같은 것이 보일 뿐이다. 이 근처에서는 오고우에 강은 한 줄기의 강이 아니라 여러 흐름의 종합이다. 세 줄기, 혹은 네 줄기의 지류가 마구 뒤얽혀 있다. 그 사이에 크고 작은 호수가 끼여 있다. 흑인 키잡이가 이 혼란한 수류 속에서 어떻게 바른 항로를 잡는지가 나에게는 하나의 수수께끼다. 커다란 키에 손을 얹고 지도도 없이 큰 강에서 작은 수로로, 거기에서 호수로 여기에서 다시 큰 강으로 배를 조종해간다……. 그는 16년 동안이나 이 강줄기를 항행하고 있어서 달빛 아래서도 바른 항로를 잡을 수 있다고 했다.

물이 흘러내리는 속도가 하류에서는 약하지만 상류로 올라감에 따라 상당히 빨라진다. 보이지 않는 모래펄이나 수면 밑으로 떠내려가는 목재 때문에 항행에는 세심한 주의가 필요하다.

상당히 장시간 항행한 다음 조그마한 흑인 부락 옆에 배가 멎었다. 강 언덕에는 빵집에서 쓰는 것 같은 장작이 몇백 개 쌓여 있었다. 배를 여기에 댄 것은 연료용으로 그 장작을 싣기 위해서였다. 흑인들이 한 줄로 서서 장작을 싣는다. 갑판에는 종이를 가진 흑인 하나가 서 있다. 장작이 열 개 운반될 때마다 널빤지 위의 한 사람이 아름다운 가락을 붙여 노래하듯 그에게 말한다.

"줄을 그으라!"

백 개가 되면 같은 가락으로 "십자를 그으라!"라고 말한다.

값은 백 개비에 4 내지 5프랑이다.

준비한 장작이 너무 적다고 선장이 마을의 장로를 꾸짖는다. 장로는 열띤 말과 몸짓으로 변명을 한다. 논쟁 끝에 돈보다도 브랜디로 지불해주었으면 좋겠다고 말한다. 백인은 흑인보다 값싸게 브랜디를 입수하므로 그렇게 하는 것이 이익이라고 생각하는 것이다. ……알코올은 식민지에의 수입세로 1리터에 2프랑씩 내야 한다. 소독에 쓰는 약용 순수 알코올에 대해서도 나는 같은 액수의 세금을 냈다.

배는 계속 앞으로 나아간다. 강 언덕에는 사람이 살지 않는 다 허물어진 오두막이 여러 개 보인다. 내 옆에 있던 상인이 말했다.

랑바레네는 적도 조금 남쪽에 위치한다. 그곳의 여름은 우계로, 10월 초에서 12월, 1월 중순에서 5월 말까지다. 겨울은 5월 말에서 10월 말까지 계속되는 건계다. 크리스마스 경에는 건계가 끼여 있어서 더위가 절정에 이른다.

"20년 전에 여기 왔을 때에는 이 근처 부락은 모두 번창하고 있었는데 말이에요."

"지금은 왜 이렇습니까?"라고 나는 물었다.

그는 어깨를 움츠리며 나직이 말했다.

"브랜디가……."

해가 저문 뒤에 어느 상점 옆에 배가 멎었다. 장작 3천 개를 싣는 것이다. 두 시간쯤 걸렸다. 먼젓번 상인이 말했다.

"만약 낮에 여기 도착했더라면 흑인 선객은(우리 배에 60명가량 있었다) 모두 내려가서 브랜디를 샀을 겁니다. 목재 거래로 이 지방에 떨어지는 돈은 대부분이 브랜디로 변해버리지요. 저는 토인들이 있는 식민지를 모두 돌아다녀 보았습니다만, 브랜디는 모든 문화적인 사업의 적입니다."

숭고한 자연의 인상 속에 고통과 불안이 뒤섞여 왔다. 오고우에 강에서 보내는 첫날밤 어둠이 내리는 것과 동시에 아프리카의 비참한 그늘이 나에게 밀어닥쳤다. 그동안에도 단조로운 목소리가, "줄을 그으라!…… 십자를 그으라!"라고 노래했다.

그리고 나는 이곳에선 결코 사기를 잃지 않고 원조하는 사람이 필요하다는 것을 더 굳게 확신하게 되었다.

달빛 속으로 배는 나아간다. 때로는 원시림이 강 언덕의 검은 깃인듯 멀리 서 있는 것이 보인다. 또 때로는 견딜 수 없는 열을 토하는 어두운 숲을 따라 나아간다. 달빛은 부드럽게 수면에 반짝이고 있다. 멀리에 번갯불이 보인다. 한밤중이 지나서 배는 조용한 후미에 닻을 내렸다. 선객들은 모기장 속으로 기어든다. 선실에서 자는 사람도 많고 식당 벽을 따라 늘어선 우편대 위에 깐 쿠션에서 자는 사람도 있다.

오전 5시쯤에 기관이 다시 움직이기 시작했다. 숲은 하류에서보다 한층 더 웅대해진다. 벌써 200킬로미터 이상이나 거슬러 올라온 것이다. 멀리에 언덕이 하나 나타나고, 그 위에 점점이 빨간 지붕이 보인다. 은고모 선교소다. 장작을 싣는 데 두 시간이나 걸리므로, 선교소와 그 부속 제재소를 시찰할 여유가 있었다.

그 후 다섯 시간쯤 나아가자 멀리 랑바레네의 완만한 언덕이 보였다. 배가 닿기에는 아직도 삼십 분이나 걸릴 텐데, 증기선은 벌써 기적을 울렸다. 멀리 떨어져 있는 여러 곳의 상점 사람들에게 배가 도착한다는 것을 빨리 알려주어야만 자기 앞으로 온 화물을 찾으러 카누로 부두까지 나올 수가 있다.

랑바레네의 선교소에서 부두까지는 카누로 삼십 분 이상이나 걸린다. 그래서 배가 닿았을 때 우리들을 마중 나온 사람은 하나도 없었다. 그러나 화물을 육지에 내리는 동안에 갑자기 가느다란 긴 카누 한 척이 증기선을 빙 돌아오는 것이 보였다. 햇빛이 따가운 네 시쯤이었다. 즐겁게 노래하는 소년들이 젓고 있었다. 그런데 너무 빠른 속도로 다가와서, 카누에 타고 있는 백인 한 사람은 재빨리 뒤로 몸을 젖히지 않았더라면 증기선을 붙들어 맨 밧줄에 머리를 부딪칠 뻔했다. 그는 남학교 하급반을 인솔하고 온 선교사 크리스톨 씨였다. 뒤이어 선교사 엘렌베르거 씨가 상급반이 젓는 보트를 타고 왔다. 소년들은 경쟁 삼아 카누를 저으며 달려온 것인데 꼬마들이 이긴 모양이다. 아마도 가벼운 배를 할당받은 것이리라. 이들은 의사 일행을 태우고, 상급반은 짐을 운반하게 되었다. 참으로 유쾌한 소년들의 얼굴! 한 꼬마는 무거운 나의 총을 메고서 위엄 있게 걸어다녔다.

카누가 움직이기 시작하자 처음에는 무엇인기 불안한 기분이었다. 이 배는 단 한 그루의 나무를 파내어 아주 평평하고 좁게 만들어놓았으므로, 약간의 동요라도 생기면 균형을 잃는다. 노 젓는 사람은 앉지 않고 서 있기 때문에 배의 안정을 유지하기가 힘들다. 그들은 아무 데도 고정되어 있지 않고 손으로만 조종하는 가늘고 긴 삽 모양의 노로 물을 헤친다. 또 박자를 맞추려고 노래를 부른다. 이 중 한 사람만이라도 섣불리 움직이면 카누가 뒤집힐 수도 있다.

30분 후, 우리들은 불안을 잊고 근사한 항행을 즐길 수 있었다. 소년들은 상류로 항행을 계속하고 있는 증기선과 경쟁하여 배를 젓는 데 너무 열중하다가 흑인 노파 세 사람이 탄 카누와 부딪칠 뻔했다.

카누는 30분쯤 본류를 거슬러 올라간 후, 여전히 즐거운 노래를 부르며 한 줄기 지류로 들어갔다. 저녁 햇빛에 싸인 언덕 위에 하얀 점들이 군데군데 보인다. 선교소 건물이다. 가까워질수록 카누의 노랫소리가 더 높아진다. 소나기를 머금은 바람으로 출렁대는 강을 가로질러 카누는 조그마한 후미로 미끄러져 들어갔다.

먼저 많은 검은 손과 악수를 해야 했다. 우리들은 이미 이런 일에는 익숙해져 있었다. 그러고 나서 선교사 크리스톨 씨의 부인, 여교사 훔베르트 씨, 직공 선교사(집을 짓는다든가 수리를 한다든가 하는 선교소 내의 손일을 하는 선교사) 카스트 씨가 언덕 위의 우리 집으로 인도해주었다. 집은 어느새 학생이 꽃과 종려나무 가지로 장식해놓았다. 완전히 목조 건물로, 땅바닥에서 반 미터 높이의 약 마흔 개쯤 되는 철기둥 위에 얹혀 있다. 넷이나 되는 방은 베란다로 둘러싸여 전망이 썩 좋다. 군데군데 지류가 호수를 이루고, 주위는 숲으로 싸여 있다. 멀리 주류가 줄무늬처럼 보이고, 그 너머에는 푸른 산들이 연이어 있다.

곧 필요한 물건을 짐에서 풀어냈고 그러자 이내 밤이 되었다. 이곳은 6시가 지나면 곧 밤이 내린다. 종소리가 학생들을 학교로 불러모은다. 저녁 예배를 위한 것이다. 귀뚜라미 한 떼가 울기 시작하면서 학교에서 들려오는 찬송가의 반주가 된다. 나는 트렁크에 걸터앉아 감동하며 귀를 기울였다. 그러자 섬짓한 그림자 하나가 벽을 타고 내려왔다. 깜짝 놀라 눈을 들어보니 커다란 거미였다. 유럽에서 본 가장 늠름한 거미보다 더 크다. 한참 몰아대다가 때려 죽이고 말았다.

크리스톨 씨의 집에서 저녁 식사를 마치고 나자, 제등 몇 개로 장식된 베란다 앞에 학생들이 나타나서 선교사 엘렌베르거 씨가 의사의 도착을 축하해 지은 시를 스위스의 민요 멜로디에 맞추어 중창했다. 우리들은 언덕을 면한 오솔길을 걸어서 램프에 인도되어 집으로 돌아왔다. 잠자리에 빨리 들 엄두도 못내고, 우선 오랫동안 사람이 살지 않았던 이 집이 자기들 것인 양 으시대는 거미와 날아다니는 커다란 진디(좀날개바퀴)와 싸우지 않으면 안 되었다.

아침 6시에 종이 울렸다. 학교에서 학생들 찬송가 소리가 울려 퍼진다. 이제 새 고향에서 새 활동이 시작되었다.

3
첫인상과 체험
- 랑바레네, 1913년 7월 말

카누 위에 피아노를 싣고

의사 개업을 하려면 준비할 시간이 필요하므로, 위급 환자의 경우를 제외하고는 도착 후 삼 주가 지난 후가 아니면 진료를 할 수 없다고 선교소에 공고를 해두었다. 이것은 물론 지켜지지 않았다. 우리 집 앞에는 매일 때를 가리지 않고 환자가 나타났다. 일은 매우 어려웠다. 언제나 때마침 우연히 와 있는 통역에 의지해야 했고, 여행 가방에 넣어온 약이며 기구, 붕대가 조금밖에 없었기 때문이다.

내가 도착하기 1년 전에 삼키타 미션 스쿨의 흑인 교사인 은쳉이라는 사람이 의사의 통역 겸 조수가 되고 싶다고 신청해왔다. 나는 내가 도착하면 곧 랑바레네로 오라고 전갈을 보냈다. 그러나 그는 오지 않았다. 이곳에서 100킬로미터 이상이나 떨어진 고향 마을에서 상속 문제에 대해 담판(이 책 5장 '흑인의 법관념'을 보

라)을 지어야만 한다는 것이었다. 그래서 나는 카누를 보내어 될 수 있는 대로 빨리 오라고 재촉했다. 그는 그러겠다고 굳게 약속했으나, 몇 주일이 지나도 오지 않았다. 선교사 엘렌베르거 씨는 빙그레 웃으며 나를 쳐다보았다.

"이제, 아프리카에서의 당신의 수업시대가 시작된 것입니다. 맨 처음에 경험한 것을 매일 끝없는 시련이라고 여기고 받아들여야 합니다. 말하자면 흑인은 믿을 수 없다는 것이지요."

4월 26일과 27일 밤중에 증기선 기적이 들려왔다. 우리의 짐들은 오고우에 강 주류 근처에 있는 가톨릭 선교소에 도착했다. 증기선 선장은 자기가 모르는 지류의 항로가 불안해 우리가 있는 데까지 배를 몰기를 거절한 것이었다. 은고모의 직공 선교사 샴펠 씨와 펠로 씨가 우리들의 화물 운반을 도우려고 흑인 노동자 열 명을 데리고 랑바레네까지 와주었다. 내가 무척 걱정한 것은 오르간식 페달이 붙은, 특별히 열대 지방용으로 만든 피아노의 운반이었다. 이것은 파리의 바흐 연주협회가 오랫동안 그들의 전임 오르간 연주자였던 나에게, 앞으로도 연습을 계속하도록 선사해준 것이었다. 이곳에는 다른 보트가 없다. 무거운 아연판을 입힌 상자 속에 든 이 피아노를 카누로 운반한다는 것은 거의 불가능한 것 같았다. 그런데 어느 상점이 거대한 나무 그루로 만든, 3톤이나 실을 수 있는 카누를 가지고 있어서, 그것을 나에게 빌려주었다. 이 카누라면 피아노를 다섯 대라도 운반할 수 있을 것이다!

우리는 사투를 벌이며 물 위 선교소까지 짐짝 70개를 운반했다. 이번에는 강가에서 언덕 위까지 날라야 했다. 선교소에 있는 사람은 모두가 힘껏 도와주었다. 학생들도 열심히 거들어주었다. 한 상자에 갑자기 무수한 검은 발이 생기고, 동시에 양쪽 가에 양모 머리가 돋아나서, 왁자지껄 소리를 지르며 언덕을 올라가는 모양은 정말 가관이었다. 사흘 동안에 짐이 모두 운반되고, 은고모에서 온 사람들도 돌아갈 수가 있었다. 그들의 친절에 어떻게 감사해야 할지 몰랐다. 그들이 없었다면 우리들의 힘으로는 짐들을 도저히 운반할 수 없었을 것이다.

짐을 푸는 것은 유쾌한 일이 아니었다. 물건을 넣을 장소 때문에 애를 썼다. 나를 위한 진료소로 골함석 바라크를 세울 계획이 있었으나, 선교소가 노동자를 구할 수 없었으므로 뼈대조차 세우지 못하고 있었다. 몇 개월 전부터 목재업 경기가 좋아져서 상인들이 선교회로서는 경쟁할 수 없을 만큼 노동자에게 비싼 임금을 지불했기 때문이다.

직공 선교사 카스트 씨가 가장 필요한 약품을 놓을 수 있도록 나의 거실에 선반을 여러 개 붙여주었다. 그것에 쓸 목재도 자신이 자르고 깎고 한 것이다. 벽에 붙인 선반 한 단이 얼마만큼의 재산을 의미하는 것인지를 알려면 아프리카에 가보아야 할 것이다.

환자를 진료하기 위한 장소가 없는 데에는 아주 난처했다. 전염 위험이 있으므로 내 방에 환자를 넣을 수는 없었다. 무엇보다도 먼저 선교사들이 알려준 것인데, 아프리카에서는 백인 거실에는 될 수 있는 대로 흑인을 들이지 않아야 한다는 것이었다. 이것은 스스로를 지키기 위해서 필요한 것이다.

그래서 나는 집 앞 노천에서 치료를 하고 붕대를 감고 했다. 그러나 매일 저녁 폭풍우가 밀려올 때마다 황급히 모든 기구를 베란다로 운반하지 않으면 안 되었다. 거기에다 또 햇빛 속에서 일을 한다는 것은 무섭게 피로한 것이었다.

닭장 속의 진료실

고생 끝에 나는 전에 있던 선교사 모렐 씨가 닭장으로 쓰고 있던 곳을 진료실로 승격시키기로 결심했다. 벽에다 선반을 몇 단 붙이고, 나무로 만든 낡은 침대 하나를 넣었다. 너무 불결한 곳에는 석회를 칠했다. 이것으로 나는 충분히 만족했다. 창문이 없는 이 조그마한 방 안은 숨이 막힐 만큼 무더웠고, 지붕이 구멍투성이라 하루 종일 헬멧을 쓰고 있어야만 했다. 그렇지만 폭풍우가 온다고 해서 모든 기구를 들고 뛸 필요는 없었다.

첫 빗방울이 후드득 지붕에 떨어지는 것을 기쁜 마음으로 들으며, 이제는 유유히 환자에게 붕대를 감아줄 수 있는 것이 무슨 이상한 일처럼 여겨졌다.

같은 무렵에 통역 겸 조수도 얻게 되었다. 환자 중에 상당히 지적으로 보이고 프랑스 말을 잘하는 토인 하나가 눈에 띄었다. 그의 말에 따르면 본래는 요리사였으나 그 직업이 건강에 좋지 않으므로 그만둘 수밖에 없었다는 것이다. 나는 그에게 임시로 우리 집에 와서, 나의 통역과 조수로 근무해달라고 부탁했다. 이름은 요제프라는 사람으로 매우 재치가 있었다. 해부학상 용어를 전부 터의 습관에서 비롯된 요리 용어로 표현하는 것도 그에게는 그다지 힘든 일이 아니었다.

"이 사람은 바른쪽 지고트(양의 뒷다리 고기)가 아픕니다. 이 부인은 왼쪽 위의 커틀릿(갈비)과 필레(등심)도 아픕니다." 이런 투였다.

5월 말에는 전부터 계약이 되어 있던 은쳉도 왔다. 이제는 그를 신뢰할 수가 없을 것 같아서 요제프도 그냥 두기로 했다. 요제프는 갈로아 족이고 은쳉은 파우앵 족이었다.

이것으로 간신히 진료 준비는 된 셈이다. 아내는 의료기구를 관리하고, 외과 수술 준비도 하며, 수술이 시작되면 조수로서 거들어주기도 한다. 동시에 붕대류와 수술용 의류도 관리한다.

아침 8시 30분 경에는 진료가 시작된다. 환자들은 나의 직장인 닭장 앞, 집 그늘에 있는 벤치에 앉아서 기다리고 있으며, 매일 아침 조수 중 한 사람이 진료실의 병원 규칙을 읽어준다. 그것은 다음과 같은 내용이다.

첫째, 의사 선생님의 병원 근처에서 땅에 침을 뱉지 말 것.

둘째, 기다리는 동안에 큰 소리로 떠들지 말 것.

셋째, 오전 중에 모든 환자의 치료를 끝낼 수 없으므로 환자와 동반인은 하루치 식량을 가지고 올 것.

넷째, 선생님 허가 없이 선교소 내에서 밤을 보낸 사람은 약을 주지 않고 돌려보낸다. (멀리서 온 환자들이 밤에 학생들의 침실에 침입해 학생들을 쫓아내고 잠자리를 차지하는 사건이 가끔 있었기 때문이다.)

다섯째, 약을 넣은 병이나 약갑을 꼭 반환할 것.

여섯째, 매월 중순에 배가 강에 올라가면 그 배가 다시 내려올 때까지 응급 환자 외에는 의사에게 와서는 안 된다. 그동안에 선생님은 유럽에 좋은 약을 주문하기 때문이다. (매월 중순에 오는 배는 상행할 때 유럽에서 보낸 우편물을 가져다주고 귀로에는 이쪽 우편물을 가지고 간다.)

이 명령과 금지령이 갈로아 말과 파우앵 말로 아주 상세히 낭독되기 때문에 상당히 긴 연설을 하는 정도로 꽤 시간이 걸린다. 모여든 사람은 한 구절마다 알았다는 듯이 고개를 끄덕인다. 마지막에는 의사의 말을 강과 호숫가의 모든 부락에 알리도록 요구한다.

12시 30분이 되면 조수가 알린다.

"의사 선생님은 식사를 하신다." 그러면 알았다는 듯이 모두들 다시 고개를 끄덕인다. 환자들은 제각기 흩어져 나무 그늘에서 바나나를 먹고는 2시에는 다시 모두들 모여든다. 어둠이 내리는 6시가 되어도 마지막 환자들이 아직도 해결되지 않아, 내일을 약속

53

하고 되돌려보내지 않으면 안 되는 때가 자주 있다. 모기와 그에 따르는 열병 위험 때문에 등불 밑에서 진료를 한다는 것은 생각조차 할 수 없는 일이다.

환자들은 돌아갈 때에 모두 가죽 끈을 낀 마분지로 만든 둥근 표찰을 받는다. 이 표찰에는 번호가 적혀 있어서, 나의 진료부에는 그 번호 아래 환자의 이름과 병명, 투약한 약명이 기입되어 있다. 이 환자가 다시 왔을 때에는 그 번호에 해당하는 페이지를 열어보기만 하면 어떤 환자인지 곧 알 수가 있으며, 시간을 소비하는 질문을 하지 않아도 된다. 진료부에는 또 환자에게 약병이나 약갑 그리고 붕대를 얼마만큼 주어 보냈는가도 기입되어 있다. 이 기록이 있기 때문에 물건 반환을 요구할 수가 있었고, 실지로 반쯤은 회수할 수가 있었다. 병이나 약갑이 얼마만큼 가치를 가졌나 하는 것은 원시림 속에서 투약을 위한 포장을 해본 사람만이 알 수 있다.

이곳은 공기의 습도가 매우 높기 때문에, 유럽이라면 종이에 싸든가 마분지 상자에 넣어서 줄 수 있는 약도, 코르크 마개를 한 병이나, 꼭 닫히는 약갑에 넣지 않으면 안 된다. 나는 이 점을 충분히 고려해두지 않았기 때문에 환자가 잊었다든가 잃어버렸다고 하는 약갑 하나를 가시고 싸우지 않을 수 없을 만큼 곤란했다. 나는 우편을 보낼 때마다 큰 병과 작은 병, 코르크 마개가 달린 유리관, 크고 작은 갖가지 약갑을 나를 위해서 친지들 사이에서 모아 달라고 유럽의 친구들에게 부탁했다. 나는 이러한 물건을 충분히

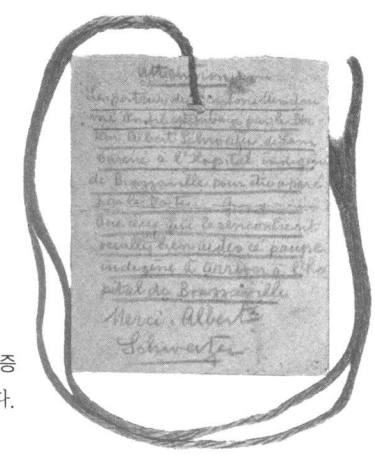

슈바이처가 환자들에게 준 등록증
마분지에 가죽 끈을 매달아 목에 걸 수 있게 했다.

가지게 될 날을 즐거움 삼아 기다리고 있다.

대개의 환자는 번호가 붙은 마분지의 둥근 표찰을, 그해분 인두세 5프랑을 정부에 납부한 증거가 되는 구멍 뚫린 함석 표찰과 함께 목에 걸고 있다. 이 표찰을 잃어버린다든가 잊고 다니는 일은 드물다. 대개는, 특히 파우앵 족은 이것을 일종의 부적으로 여긴다.

토인들 사이에서 나의 이름은 '오강가' 라 불린다. 갈로아 말로 '주술사' 라는 뜻이다. 흑인의 의술자는 모두 동시에 주술사가 되므로, 의사에 해당되는 다른 말이 없는 것이다. 나의 환자들은 병을 고치는 자는 또한 병을 멀리서 일으키는 힘도 가지고 있는 것

"토인들 사이에서 나의 이름은
'오강가'로 불린다. 주술사라는 뜻이다."

이 당연하다고 생각한다. 의사가 좋은 사람이지만 동시에 위험한 존재로 여겨진다는 것은, 내게 묘한 기분이 들게 한다.

 병이 자연적 원인을 가지고 있다는 것을 나의 환자들은 상상조차 하지 못한다. 그들은 병의 원인을 악령이나 사람의 주술, 그리고 벌레에서 찾는다. 그들에게 벌레는 고통의 화신이다. 환자에게 아픈 증상을 말하라고 하면 그들은 벌레의 내력을 이야기한다. 처음에는 벌레가 발에 있다가 다음에는 머리로, 거기서 심장으로 옮긴 다음에 폐로 들어와서 나중에는 뱃속에 올라붙었다는 것이다. 어떠한 약이든 이 벌레를 곤경의 표적으로 삼아야 한다. 내가 아편 팅크로 복통을 고쳐주면 다음날 기쁜 얼굴로 환자가 와서 벌레가 배에서 내쫓겼으나 지금은 머리에 파고들어가서 뇌를 갉아먹고 있으므로, 이번에는 머릿속 벌레를 없앨 약을 달라고 한다.

약의 사용법을 이해시키는 데 다시 많은 시간을 빼앗긴다. 통역이 몇 번이고 되풀이해서 가르치고, 환자에게 그것을 암송시킨다. 처방을 병이나 약갑 위에 적어서 마을의 유식한 사람에게 다시 읽혀 숙지하도록 해준다. 그래도 결국은 그들이 물약 한 병을 단번에 마신다든가, 고약을 먹어버린다든가, 가루약을 피부에 문질러 바른다든가 하지 않는다고는 장담할 수 없다.

나는 하루에 평균 3, 40명가량의 환자를 진료하지 않으면 안 된다.

주로 볼 수 있는 병은, 각종 피부궤양, 말라리아, 수면병, 나병, 상피병, 심장병, 화농성 골염, 열대성 이질 등이다.

토인은 궤양의 농이 나오는 것을 막기 위해 어떤 나무껍질로 만든 가루약을 상처에다 바른다. 그러면 딱딱한 피부가 생겨나서 농이 나오는 것을 막아주지만 부질없이 병을 악화시킬 뿐이다.

주로 진료를 청해오는 병 중에서 잊어서는 안 되는 것에 옴(스케이비즈)이 있다. 이것은 흑인들을 아주 괴롭힌다. 가려움 때문에 몇 주일이나 잠을 잘 수 없었다는 환자도 보았다. 대개의 환자는 온몸에 긁은 상처가 생기고, 그 때문에 몸에 화농성 궤양까지 발생한다. 처치는 매우 간단하다. 환자를 강에서 목욕시킨 후, 유황가루(술푸르 데푸라툼)와 종려기름(야자유), 정어리 통조림에서 남은 기름과 연한 비누를 배합해 내가 만들어낸 연고를 온몸에 발라준다. 그리고 살균 우유를 넣어 보내온 함석 깡통에다가 집에서 두 번 바를 수 있는 분량을 넣어 보내는 것이다. 효험은 훌륭하다. 이틀째에는 벌써 가려움이 가신다. 나의 옴약은 몇 주일 내에 나를 멀리까지 유명해지게 만들었다.

토인은 백인의 의술을 무척 신뢰한다. 이렇게 된 것은 대개가 오고우에 강 유역의 선교사들이 30년 전부터 모두 헌신적으로, 사람에 따라서는 충분한 의학 지식을 가지고 토인들을 치료해온 덕분이다. 특히 이름을 들어야 할 사람으로는, 알자스 출신으로 1906년에 세상을 떠난 탈라구가의 선교사 란스 부인과, 스위스인으로 지금 중환으로 유럽에 체류 중인 은고무의 선교사 로베르트 씨가 있다.

닭장 안에 약품을 조금밖에 비치할 수 없는 건 일하는 데 큰 애로 사항이다. 거의 대부분의 환자를 위해 정원을 가로질러 서재까지 가서 필요한 약을 다시 조제하지 않으면 안 된다. 이것은 매우 피로하고 시간을 낭비하는 일이다.

언제쯤이면 진료소로 쓸 함석 지붕의 바라크를 정말 세우게 될 것인가? 가을의 심한 우기(雨期)가 시작되기 전에 완성될까? 만약 완성되지 않는다면 어떻게 할까? 무더울 때는 이 닭장 안에서 일을 할 수가 없다.

벌써 약품이 거의 없어진 것도 걱정거리다. 환자는 생각한 것보다 훨씬 많다. 6월에 우편으로 약품을 대량 주문 해두었으나 3개월 내지 4개월 후에나 도착할 것이다. 그런데 키니네, 안티피린, 자롤, 테르마톨은 고작 몇 그램밖에 남아 있지 않았다.

"흑인들에게 약의 사용법을 이해시키는 데에는 많은 시간이 걸린다. 통역이 몇 번이고 되풀이해서 가르치고, 환자에게 그것을 암송시키지만 그들이 물약 한 병을 단번에 마신다든가, 고약을 먹어버린다든가 하지 않는다고는 장담할 수 없다."

그러나 이러한 일시적인 곤란도 여기서 활동하고 도울 수 있다는 기쁨에 비하면 별것이 아니긴 하다. 약품이 아무리 적더라도 그것으로 할 수 있는 일은 많다. 염증이 났던 상처에 깨끗한 붕대를 감고, 이제는 상처난 발로 진흙 속을 뛰어다니지 않아도 좋게 되었을 때 기뻐하는 그들을 보는 것만으로도 여기서 일하는 보람이 있는 것이다!

근처 토인들의 궤양에 붕대를 감아주는 날로 정한 월요일과 목요일에, 새 붕대를 감은 환자들이 걸어서 혹은 업혀서 언덕을 내려가는 모습을, 나에게 자금을 기부해준 사람들에게 보이고 싶다. 또는 심장을 앓는 노파가 디기탈리스를 마셨더니 '벌레'가 약에 쫓겨 밑으로 쭉 내려가 드디어 발 속으로 기어들어가버린 덕분에 다시 숨을 쉬고 잠을 잘 수 있게 되었다고 나에게 이야기하는 열띤 그 몸짓을 보여주고 싶다.

지금까지 활동해온 2년 반을 돌이켜보고서 내가 말할 수 있는 것은, 다만 의사가 아주 필요하다는 것, 아프리카의 넓은 이 지방 일대에서 의사의 도움을 구하고 있다는 것, 또 의사는 비교적 적은 자금으로 많은 일을 할 수 있다는 것이다.

반면에 고난은 크다.

"우리들은 누구나가 다 병들어 있습니다"라고 오늘 한 청년이 나에게 말했고, "이 토지는 살고 있는 주민을 잡아먹습니다"라고 다른 늙은 추장이 말했다······.

4
1913년 7월에서 1914년 1월까지
- 오고우에 강 유역의 토지와 주민들

랑바레네 선교소

랑바레네의 선교소는 세 언덕 위에 세워져 있다. 상류 쪽 가장 먼 언덕 위에는 남학교 건물이 있고, 강을 면한 사면에는 선교소의 창고와 가장 큰 선교사관이 있다. 다음 언덕에는 의사의 집이 있고, 더 아래쪽 하류 언덕에는 여학교와 선교소의 여러 건물이 있다. 건물에서 20미터 떨어진 곳에 원시림이 연이어 있다. 그러므로 우리들은 물과 원시림 사이의 세 언덕 위에서 살고 있는 셈이다.

사람들은 이 언덕을 밀림의 침입에서 지켜내려고 해마다 새로 방어하지 않으면 안 된다. 건물 주위에는 커피, 코코아, 레몬, 오렌지, 만다린, 망고, 야자유 그리고 파파야 나무가 심어져 있다. 이곳은 흑인들 사이에서 옛부터 안덴데라고 불리고 있다. 처음에 온 선교사들이 상당히 애를 써서 이 같은 나무를 길러준 것을 어떻게 감사해야 할는지 모르겠다!

선교소 구내는 길이가 약 600미터, 폭이 약 200미터다. 저녁과 일요일 산책 때는 방향을 갖가지로 바꾸어 여러 번이나 구석구석까지 걷는다. 가까운 마을로 통하는 원시림 속의 길은 더위를 견딜 수가 없기 때문에, 걸어볼 결심이 서지 않는다. 그 오솔길 양쪽에는 원시림이 30미터 높이로 두꺼운 벽이 되어 솟아 있어서 바람 한 점 움직이지 않는다. 건계에는 그 기간 동안만 말라붙는 강의 모래펄을 걸으며, 강 줄기를 타고 불어오는 미풍을 즐긴다.

랑바레네에서는 운동과 공기가 꼭 같은 정도로 부족하다. 마치 감옥에 있는 것과 같은 것이다. 강 아랫쪽에서 선교소를 막고 있는 원시림의 일각을 베어 넘길 수 있다면 골짜기의 솔솔바람이 얼마쯤 흘러올 것이다. 그러나 원시림을 향해 그러한 수단을 취할 사람의 손도, 자금도 우리에게는 없다.

진료소의 건물 터로, 본래는 남학교가 있는 언덕 뒷편이 예정되어 있었다. 그러나 그곳이 너무 멀고 좁다고 생각되었으므로 내가 살고 있는 언덕의 강을 향한 기슭 일부를 사용할 수 있도록 선교소의 선교사들과 타협을 보았다. 이 결정은 7월 말에 삼키타에서 소집되는 선교사 회의에서 승인을 얻지 않으면 안 되었다. 그래서 나는 나의 제안을 건의하기 위해 엘렌베르거, 크리스톨 씨와 함께 그곳으로 떠났다. 그것은 카누를 타고 가는 최초의 긴 여행이었다.

최초의 카누 여행

안개가 내린 아침, 해가 뜨기 두 시간 전에 우리는 출발했다. 앞쪽에 두 사람의 선교사와 내가 차례로 앞뒤로 나란히 누울 수 있는 의자에 자리를 잡았다. 한가운데에는 함석을 입힌 우리의 트렁크와 접어둔 야영 침대, 침구와 흑인의 여행용 식량인 바나나가 놓여 있었다. 뒤쪽에는 노를 젓는 열두 사람이 두 줄로 서 있었다. 그들은 여행의 목적지가 어디며 누가 타고 있는가를 노래했다. 동시에 이렇게 아침 일찍부터 일을 해야만 하고 또 괴로운 하루를 보내야 한다는 한탄의 말도 섞어 넣었다.

삼키타까지 60킬로미터나 거슬러 올라가는 데에는 보통 열 시간 내지 열두 시간이 걸린다고 되어 있다. 우리들의 배는 상당히 무겁게 짐을 실었으므로 두세 시간 더 걸릴 것 같았다.

지류에서 본류로 들어갔을 때 날이 밝았다. 300미터쯤 앞에 있는 커다란 모래펄 주위에 몇 줄기 검은 줄이 물 속에서 움직이는 것이 보였다. 그와 동시에 노를 젓는 사람들의 노랫소리가 명령이라도 받은 듯 그쳤다. 그것은 아침 목욕을 하고 있는 하마였다. 토인들은 하마를 굉장히 무서워하며 배를 크게 돌려 그들을 피해 갔다. 하마의 기분을 상하지 않게 하기 위해서였다. 여태까지 하마로 인해 많은 배가 파괴되었던 것이다.

전에 랑바레네에 봉직하고 있던 한 선교사는 언제나 노 젓는 사람들의 소심함을 희롱하며 조금 더 하마 곁으로 배를 몰도록 독려했다고 한다. 어느 날, 마침 언제나처럼 노 젓는 사람을 비웃어 주려는 순간에 배가 갑자기 떠올라온 하마에 의해 공중으로 치솟아올랐다. 선교사와 노 젓는 사람은 가까스로 목숨을 구할 수가 있었으나, 선교사의 짐은 없어져버렸다. 그는 하마가 두꺼운 뱃바닥에 뚫은 구멍을 도려내어 기념으로 간직했다. 몇 년 전에 일어난 이 일은 노 젓는 사람에게 조금 더 하마 곁으로 배를 몰아달라 말하는 백인에게 항상 들려주는 이야기이다.

토인들은 언제나 물가 쪽으로 배를 몬다. 그곳이 수류가 완만하기 때문이다. 군데군데 상류로 향하는 역류를 만날 수도 있다. 그러니까 될 수 있는 대로 내려 처지는 나무들의 그늘 속을 기어가듯 물가를 따라가는 것이다.

카누에는 키가 없다. 제일 뒤에서 노 젓는 사람이 앞에서 여울이나 암초나 나무줄기를 감시하고 있는 사람과 협력해 방향을 정한다.

이 강 여행에서 가장 불쾌한 것은 수면에서 반사하는 빛과 열이다. 번쩍거리는 거울에서 나온 불화살을 맞는 것 같은 느낌이다.

목을 축이려고 세 사람 모두 근사한 파인애플을 세 개씩 가지고 있었다.

해가 뜨자, 체체파리가 나타났다. 이놈은 낮에만 날아다닌다. 이것에 비하면 가장 악성인 모기도 무례한 벌레처럼 생각된다. 체체파리는 우리가 아는 보통 집파리보다 한 배 반쯤 크다. 모양은 같지만, 날개가 평행으로 붙어 있지 않고 가위의 두 날처럼 겹쳐져 있는 것이 다르다.

체체파리는 피를 빨기 위해서라면 아무리 두꺼운 천도 찔러 뚫는다. 그러면서도 아주 주의 깊고 교활해 잡으려는 손을 교묘히 피한다. 자기가 앉아 있는 사람의 몸이 조금이라도 움직이는 것을 느끼면 곧 날아올라서는 카누 옆쪽으로 숨어버린다.

날 때에는 소리를 내지 않는다. 파리 쫓는 작은 채로 겨우 조금은 피할 수 있을 정도다. 체체파리는 주의 깊기 때문에 자기가 눈에 잘 드러나는 밝은 바탕에 앉는 것을 피한다. 그러므로 체체파리를 피하기에는 흰옷이 가장 좋다.

여행 동안에 이 통칙이 그대로 확인되는 것을 나는 보았다. 우리들 백인 중 두 사람은 흰옷, 다른 한 사람은 누런 옷을 입었다. 두 사람에게는 거의 한 마리의 체체파리도 달려들지 않았으나 다른 한 사람에게는 노상 성가시게 굴었다. 흑인들이 제일 곤욕을 치렀다.

알려진 것처럼, 수면병을 전파하는 글로시나 팔팔리스는 체체파리의 일종이다.

정오에는 한 흑인 부락에서 쉬었다. 우리가 가지고 온 점심을 먹는 동안에 노 젓는 사람들은 바나나를 구워 먹었다. 심한 노동을 했으니 더 영양이 있는 것을 먹어야 좋을 텐데 하고 나는 생각했다.

밤이 깊어서야 겨우 도착했다.

일주일에 걸쳐 열린 회의에서 내가 받은 인상은 몹시도 강렬했다. 토인에게 몸을 바치려고 몇 년 전부터 많은 것을 단념하고 살아온 사람들과 같이 있다는 것은 나의 감정을 북돋아주었다. 나는 유쾌하고 시원한 분위기를 맛보았다.

나의 제안은 호의로 채택되었다. 내가 예정한 장소에 골함석 바라크와 진료소의 다른 건물이 건축되게 되었다. 선교소는 이 건축에 약 2천 프랑을 내주기로 했다.

돌아오는 길에는 하마를 피하느라 두 번이나 강을 횡단했다. 하마 한 마리가 우리들에게서 50미터쯤 떨어진 곳에 떠오르기도 했다.

저녁 어스름이 내릴 무렵에 겨우 지류 입구까지 왔다. 그로부터 한 시간 동안을 모래펄 사이에서 뱃길을 찾아내야만 했다. 가끔 노 젓는 사람들이 내려가서 배를 끌고 간 적도 있었다.

드디어 넓은 수로로 나왔다. 노랫소리가 점점 높아가서 고함소리가 되고, 그것이 들렸는지 멀리서 불빛이 움직였다. 그것이 지그재그로 아래쪽으로 내려가, 거기서 나란히 멈추어 섰다. 등불을 들고 우리를 마중하러 부두에 나온 랑바레네의 부인들이다.

배는 소리를 내며 물결을 헤치고 나아가서 곧 단숨에 물가에 닿았다. 환성을 올리는 노 젓는 사람들! 무수한 검은 손이 짐, 야영 침대, 트렁크, 삼키타에서 가지고 온 야채 쪽으로 뻗는다.

이것은 크리스톨 씨의 것이다. 이건 엘렌베르거 씨의 것이다! 이건 선생님의 것이다! 그건 두 사람이 들어라, 한 사람에겐 무겁다! 내던지지 마라! 총을 조심해라. 가만있어, 이쪽이 아냐, 저쪽

이야!

드디어 모든 짐이 지시대로 각자의 집으로 운반되고 우리들은 기쁘게 언덕을 올라갔다.

병원 건축을 위한 토목공사

지금 무엇보다 먼저 해야 할 일은, 진료소 터를 닦고, 몇 세제곱미터의 흙을 실어내는 일이다. 이 일을 위해 몹시 애쓴 끝에 선교소에서 노동자 다섯 명을 고용했다. 그런데 이들은 게으르기 짝이 없었다. 드디어 나도 참을 수가 없게 되었다. 마침 낯이 익은 목재상 랍 씨가 채벌 허가를 얻으려고 근방의 숲을 조사하러 왔다가 가톨릭 선교소에서 쉬고 있었다. 그는 흑인을 한 무리 데리고 있었다. 그는 나의 청을 받아들여 건강한 운반 인부 여덟 명을 빌려주었다. 나는 그들에게 충분한 보수를 약속하고, 스스로 삽을 잡고 일했다. 그러나 이들의 감독자인 흑인은 나무 그늘에 앉아서 때때로 우리에게 소리나 질러줄 뿐이었다.

이틀 동안 열심히 일하니까 흙을 실어내는 것과 땅 고르기가 끝났다. 노동자들은 보수를 받고 돌아갔다. 그러나 유감스럽게도 그들은 나의 훈계를 지키지 않고, 상점에서 보수를 전부 브랜디로 바꾸어버려 밤이 되어서야 모두 취해서 집으로 돌아갔다. 그 때문에 다음날에는 전혀 일을 할 수가 없었다.

어찌 됐든 이제 병원 짓는 일을 시작하게 되었다.

불쌍한 정신병 환자의 운명

이제 요제프와 둘이서만 일을 하게 되었다. 은챙은 8월에 휴가를 얻어 자기 부락으로 돌아갔으나, 약속한 날에 돌아오지 않았으므로 해고해버렸다. 요제프는 월급을 70프랑 받는다. 카프 로페스에서 요리사로 일했을 때에는 120프랑을 받았다. 지적인 직업이 다른 직업보다도 돈을 적게 받게 된다는 사실을 참아내기란 요제프에게는 쉬운 일이 아니었다.

심장병 환자의 수가 점점 늘어나서 나를 놀라게 했다. 그들 편에서도 내가 청진기를 대보는 것만으로 그들의 증세를 샅샅이 아는 것에 놀라고 있었다. 최근에 심장병을 앓는 여자 하나가 요제프에게 큰 소리로 말했다.

"정말 훌륭한 의사 선생님이라는 것을 알 수 있어요! 내가 밤중에 가끔 숨을 쉴 수 없다든가, 늘 발이 붓는다는 것을 알고 있으니까요. 그런 이야기를 조금도 한 적이 없고, 의사 선생님도 나의 발을 본 적이 없는데 말예요."

나 자신도 현대 의학의 심장병 약이 과연 잘 듣는다고 생각했다. 나는 디기탈리스를, 디기탈린 일일량 0.1밀리그램의 처방으로, 몇 주일 몇 개월간 주어 이 투약법의 효과에 아주 만족했다.

물론 이곳에서는 유럽에서보다 심장병을 치료하기가 쉽다. 환자에게 몇 주일 이상 안정을 요구해도 그들은 수입이나 지위를 잃게 된다는 군소리를 할 필요도 없고 자기 마을에 들어앉는다. 극히 넓은 의미에 있어서의 가족이 그들을 양육해주는 것이다.

정신병 환자는 유럽에 비하면 이곳이 적다. 그렇긴 하지만, 벌써 나는 여섯 명이나 보아왔다. 그들을 어디에 수용해야 좋을지는 큰 두통거리다. 선교소에 두면 밤중에 떠들어대므로 몇 번이고 일어나서 피하주사로 진정시키지 않으면 안 된다. 이래서 오랫동안 피로를 풀 수 없는 고약한 며칠 밤을 보내고 있다.

건계 동안이라면 이 문제의 해결도 가능하다. 나는 정신병 환자와 그 간호사를 600미터쯤 떨어져 있는 모래펄에서 야영을 하게 한다.

이 불쌍한 환자들의 운명은 이곳에서는 아주 무섭다. 토인들의 행패를 막을 수가 없다. 대로 만든 움막쯤은 언제든지 뚫고 나올 수가 있으므로 감금은 하지 않는다. 그래서 가죽 끈으로 묶어두는데, 이것은 흥분을 더하게 할 뿐이다. 토인들은 필경에 가서는 언제나 다른 방법으로 환자를 처치해버린다.

삼키타에서 온 한 선교사가 나에게 이러한 이야기를 했다. 2년 전 어느 일요일, 근처 부락에서 큰 비명 소리가 들려왔단다. 그곳으로 가는 도중에 만난 한 토인이 아이들 발에서 모래벼룩을 파낸 것뿐이니 안심하고 돌아가라고 하기에 그런가 하고 돌아왔으나, 다음날 그들이 정신병 환자 한 사람을 손발을 묶어 강에 던져버렸

흔히 아프리카에서는 아주 싼 임금으로 미개인 노동자를 구할 수 있으리라 상상하기 쉽다. 그러나 이들은 언제나 자유인이므로 임시 노동자에 지나지 않는다. 그래서 그들은 자신에게 필요한 물건을 살 수 있을 만큼의 노동밖에 하지 않는다.

다는 사실을 알았다는 것이다.

내가 처음으로 흑인 정신병 환자를 만난 것은 밤이었다. 야자수 있는 데까지 불려가보니 거기에 중년 여인이 묶여 있었다. 그 앞에는 모닥불을 가운데 두고 가족 전원이 앉아 있었다. 그 뒤는 원시림의 검은 벽, 신비스러운 아프리카의 밤이었다. 반짝이는 밤하늘이 이 광경을 비추고 있었다. 줄을 풀도록 내가 명령하자, 주위에 있던 가족들은 겁을 집어먹고 머뭇거리다 간신히 줄을 풀었다. 자유로운 몸이 되자 여인은 나에게로 달려들어 등불을 빼앗아 던지려고 했다. 토인들은 비명을 지르며 사방으로 달아나서 다시는 가까이 오려고 하지 않았다. 내가 손을 잡고 달래자 여인은 조용히 땅에 앉아 팔에 모르핀과 스코폴라민 주사를 맞았다. 그러고 나서 나를 따라 집으로 들어가 곧 편안히 잠이 들었다.

이 증세는 주기적으로 재발하는 광적인 홍분이었다. 이주 후에 여인은 일단 회복되었다. 이 사건으로 의사는 위대한 마술사로서, 어떠한 정신병이라도 고칠 수 있다는 소문이 퍼졌다.

그러나 유감스럽게도 그 후 얼마 안 가서 우리들의 약으로는 거의 어쩔 수 없는 광적인 홍분이 이곳에 있다는 것을 알았다. 이번 경우에도 중년 남자 환자가 묶여서 끌려왔다. 줄이 깊숙이 살에 파고들어 있고, 손발은 피와 궤양투성이였다. 아무리 대량으로 모르핀, 스코폴라민, 포수클로랄, 취화 칼륨을 써도 전혀 효험이 없는 데는 놀랐다. 이틀째에 요제프가 나에게 말했다.

"선생님, 저건 몰래 누가 독을 먹여서 돌아버린 것입니다. 이건 어떻게 해볼 수 없습니다. 점점 광폭해져서 쇠약해지다 필경에는 죽을 겁니다."

요제프의 말이 옳았다. 그는 이주 후에 죽었다. 가톨릭 선교소의 신부에게 들어서 안 일이지만, 그는 전에 남의 아내를 빼앗았기 때문에 독약으로 복수당했다는 것이다.

이와 유사한 증세를 나는 발병 시초부터 관찰할 수 있었다. 어느 일요일 밤에 경련을 일으키고 있는 여인이 배로 실려왔다. 처음에는 단순한 히스테리라고 생각했다. 그러나 다음날에는 벌써 조광성 흥분이 경련에 덧붙여 나타났다. 밤에는 날치고 비명을 지르기 시작했다. 이런 경우에도 진정제는 거의 효험이 없었다. 이내 체력이 쇠약해졌다. 토인들은 누가 몰래 독을 먹인 것이라고 생각하고 있었다. 그 생각이 옳은지 어떤지 나로서는 판단할 수가 없었다.

이곳에서 곧잘 독이 사용되고 있다는 것은 내가 들은 여러 가지 이야기로 추측해보면 정말임에 틀림이 없다. 더 남쪽에서는 훨씬 심하다는 것이다. 오고우에 강과 콩고 강 사이에 살고 있는 부족은 이 점에서 악명이 높다. 물론 원인 불명인 많은 급사의 경우도 토인들에게는 그릇되게 독살이라고 간주되는 수가 있다.

어떻든 이곳에는 독특한 흥분 작용을 가진 식물즙이 있음에 틀림이 없다. 믿을 만한 사람들이 단언한 바에 따르면 토인은 어떤 종류의 잎과 뿌리를 먹은 후에는 시장기도 갈증도 피로도 느끼지 않고, 하루 종일 긴장하여 배를 저을 수 있으며, 더욱이 배를 저으면 저을수록 점점 더 즐겁고 기뻐진다는 것이다.

근간에 이 약초에 대해 좀 자세한 것을 알고 싶었다. 만사가 비밀이 되어 있으므로 그다지 쉽지는 않겠지만⋯⋯ 백인에게 무엇을 누설했다고 의심받은 자는 독살을 당할 각오를 해야 한다.

주술사들이 권위를 유지하려고 독약을 이용한다는 것은 묘한 일로 요제프에게 들었다. 건계 중간 무렵 그의 부락은 여기서 세 시간쯤 내려가는 하류에 있는 모래펄에 고기를 잡으러 갔다. 이 날은 구약성서의 백성이 '하나님 앞에서 기뻐한' 추수감사제와도 같은 날이다. 늙은이나 젊은이나 이주 동안은 나뭇가지로 만든 텐트 밑의 모래밭에서 살며 식사 때마다 갓 잡은 생선을 끓이고 굽고 삶아서 먹는다. 남은 생선은 말리든가 훈제한다. 많이 잡을 때는 한 부락이 만 마리 정도의 생선을 가지고 돌아온다.

고기잡이 이야기만 나올 것 같으면 요제프의 눈이 기쁨에 넘쳐 앞으로 솟아나오는 듯하다. 그래서 나는 첫날 오후에 부락 사람들과 함께 다녀오도록 허락해주고, 의사인 나에게도 생선을 조금은 가지고 오라고 통을 하나 빌려주었다. 그러나 그는 별로 기뻐하질 않았다. 이것저것 물어본 끝에 그 이유를 알아냈다. 첫날에는 고기잡이를 하지 않고 어장을 축성한다는 것이다. 장로들은 물 속에 브랜디를 붓고 담배 이파리를 던져 넣는다. 그물 속에 물고기를 넣어주고, 누구에게도 해를 가하지 않도록 악령의 환심을 사기 위해서다. 몇 년 전에 이 의식을 중지했을 때, 노파 한 사람이 그물에 걸려 익사했다는 것이다.

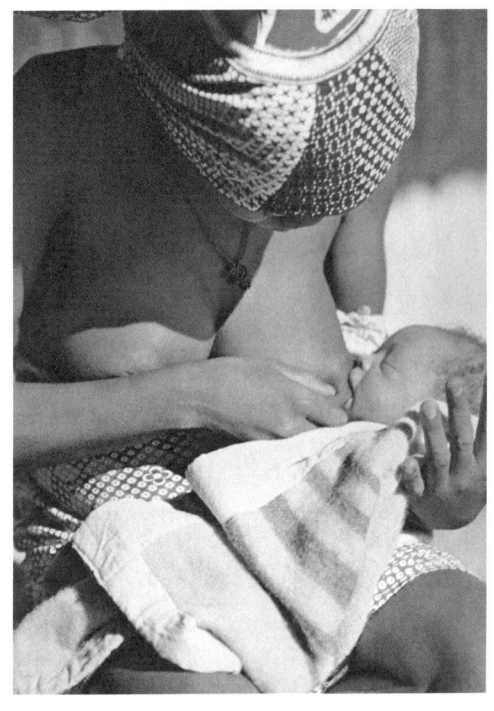

"병이 자연적 원인을 가지고 있다는 것을 나의 환자들은 상상조차 하지 못한다. 그들은 병의 원인을 악령이나 주술과 벌레에서 찾는다."

"하지만 너희들 대부분은 기독교도니까 그런 것을 믿지 않을 텐데"라고 나는 말했다.

"물론 그렇지요."

요제프는 대답했다.

"하지만 그것을 반대한다든가, 악령에게 브랜디와 담배를 바칠 때 웃기만 해도 조만간 틀림없이 독살당합니다. 주술사가 결코 용서하지 않으니까요. 그가 누구인지는 몰라도 우리들 속에서 살고 있지요."

이러한 이유로 요제프는 첫날에는 집에 있었다. 나는 그 대신 다른 날에 고기잡이를 가도록 허락해주었다.

주물을 두려워하는 흑인들

독에 대한 불안 외에도 인간이 다른 인간에게 미칠 수 있는 초자연적인 사악한 힘에 대한 불안이 있다. 토인은 마력을 소유하기 위한 수단이 존재한다고 믿고 있다. 진짜 주물(부적)을 가진 자는 무슨 일이든 다 할 수 있다는 것이다. 그는 사냥에서 행운을 차지하며, 부자가 되고, 해치고 싶은 사람에게는 재앙이나 병, 죽음을 줄 수 있다.

자기를 해치기 위해 이용될지도 모르는 주물을 두려워하는 나날을 보내는 불쌍한 사람들의 생활이 얼마나 무서운 것인가를 유럽 사람들은 도저히 상상하지 못할 것이다. 원시적인 민족을 괴로운 망상에서 해방시키기 위해서는 그 비참상을 옆에서 본 사람만이 그들에게 새로운 세계관을 주입시켜주는 것이 인간의 의무임을 이해할 것이다. 이러한 점에 관해서는 어떠한 회의적인 사람일지라도 한번 현지에 와보면 선교회를 돕게 될 것이다.

주물 숭배란 무엇일까? 그것은 원시적인 인간이 가지는 불안의 산물이다. 그들은 자연의 악령, 죽은 사람의 악령, 그리고 다른 사람의 사악한 힘에서 자기를 수호하려는 마력을 가지려고 한다. 이 수호의 마력은 자기가 몸에 지니고 있는 어느 특정한 물건에 깃들여 있다고 믿는다. 그들은 주물에 대해 근본적인 의미의 숭배심을 가지고 있는 것이 아니다. 오히려 그것을 초자연적인 힘으로 자기에게 봉사해야 할 의무가 있는 하나의 재산으로 본다.

어떠한 물건이 주물이 될 수 있는가? 이상한 물건은 마력을 가졌다고 믿는다. 주물은 작은 주머니나 물소의 뿔, 그리고 작은 갑 속에 한 몫 들어 있는 갖가지 물건으로 이루어진다. 흔한 것으로는 빨간 새 깃, 붉은 흙 한 줌, 표범 발톱, 표범 이빨, 그리고…… 유럽에서 만든 방울, 18세기 물물교환 시대의 구형 방울 등이다. 선교소 맞은편에 한 흑인이 조그마한 코코아 재배장을 만들었는데, 그곳을 수호할 주물이 코르크 마개를 한 유리병에 담겨 나무에 걸려 있다. 오늘날에는 흰개미를 막아내려고 귀중한 주물을 함석 상자에 넣는다. 어떠한 나무 상자도 오랫동안 흰개미를 막아낼 수 없기 때문이다.

주물에는 큰 것도 있고 작은 것도 있다. 큰 것으로 보통 볼 수 있는 것은 인간 두개골 한 조각이다. 그런데 그 두개골 임자는 하나의 주물을 얻기 위한 목적 때문에 살해되었을 것이 분명하다.

올해 여름 선교소에서 배로 두 시간쯤 걸리는 하류 지점 배 안에서 중년 남자가 살해되었다. 범인은 곧 발견되었다. 그는 주물을 얻으려고 살인을 한 것이다. 그 주물의 힘으로 그에게서 물건과 돈을 빌려간 사람들이 반납 의무를 이행하도록 강제하려 했다는 것이다.

"선물에 대해 전혀 다른 관념을 갖고 있는 토인들도 있다.
그들은 나의 병원에서 병이 다 나아 퇴원할 때면,
내가 그들의 친구가 되었다는 이유로 오히려 나에게 선물을 요구했다."

나도 주물을 하나 가지고 있다. 그것의 주요 부분은 정수리 뼈로 생각되는, 인간의 두개골에서 뽑아낸 타원형 조각 두 개를 빨간 염료로 물들인 것이다. 본래의 소유자는 자기 아내와 같이 몇 개월간 앓고 있었다. 두 사람은 괴로운 불면증에 걸려 있었다. 남편은 때때로 꿈속에서 어떤 목소리를 들었다. 그 목소리는 그에게 그가 선조에게서 상속한 주물을 은고모의 선교사 하우크에게 가지고 가서 그의 명령을 따른다면, 그때 비로소 두 사람의 병이 나을 것이라고 알렸다. 그는 드디어 목소리가 명령하는 대로 따랐다. 하우크 씨는 그를 나에게로 보내며 그 주물을 나에게 선사해 주었다. 부부는 몇 주일 동안 나에게서 치료를 받고 차도가 있어서 퇴원해서 돌아갔다.

주물을 얻는다는 목적으로 사람을 죽여서 획득한 두개골에 마력이 깃든다는 생각은 태곳적인 것에 틀림이 없다. 요즈음 어느 의학 잡지에서 읽었는데, 선사시대 분묘에서 발견된 물건을 보면 곧잘 행해졌다고 짐작되는 천두술은 여태까지 생각되던 것처럼, 뇌종양 치료를 위한 실험이나 혹은 그와 비슷한 일에는 전혀 관계가 없고, 다만 주물의 획득을 위한 것에 지나지 않는다는 것이다.

그 논문을 쓴 필자의 의견은 아마도 옳을 것이다.

감기, 니코틴 중독과 담배

아홉 달 동안 활동하는 사이에 나는 근 2천 명에 달하는 갖가지 환자를 보아왔다. 유럽에 있는 대개의 병을 이곳에서도 볼 수 있음을 확인했다. 그러나 암과 맹장염은 아직 보지 못했다. 이 두 가지는 적도 아프리카의 토인에게서는 볼 수 없다.

감기는 이곳에서는 중대한 문제가 되어 있다. 습기가 없는 시기(건계)가 시작될 무렵 일요일에는 랑바레네의 교회에서 유럽의 12월 30일의 예배 때처럼 코를 훌쩍이고 잔기침을 하는 사람이 많다.

많은 어린이들이 늑막염을 질질 끌다가 죽어간다.

건계에는 밤이 약간 시원하다. 흑인은 이불이 없으므로, 그들의 오두막 속에서도 잠을 이룰 수 없을 만큼 몸이 차가워진다. 그러나 유럽식으로 생각하면 그래도 더운 편이다. 추운 밤이라도 온도가 섭씨 18도를 내려가지 않는다. 그러나 낮에 땀을 많이 흘려서 민감해져 있는 사람들에게는 공중의 습기가 추위를 느끼게 한다. 백인도 노상 감기를 달고 다니며 코감기를 앓는다.

열대 의학 서적에서 나는 역설적인 글귀를 발견했다.

"뜨거운 태양 아래에서는 감기를 가장 조심해야 한다."

이것은 많은 진리를 내포한다.

토인의 몸에 특히 좋지 않은 것은 여름의 고기잡이 때에 모래펄에서 캠프 생활을 하는 것이다. 노인들은 대개 이 기쁨의 나날에 걸린 폐렴으로 죽는다.

류머티즘은 유럽보다도 이곳에 널리 퍼져 있다. 통풍도 상당히 많이 보았다. 그렇다고 토인이 사치스러운 생활을 하고 있는 것도 아니다. 육류의 과식이라는 것은, 그들에게는 아무 문제가 되지 않는다. 여름의 고기잡이 날을 제외하면 거의 바나나와 마니호트 뿌리로만 살아가기 때문이다.

이 지방에서 만성 니코틴 중독을 치료하게 되리라고는 생각지도 못했다. 신경장해를 동반하는 심한 변비로, 어떤 설사약을 써도 악화되기만 하는 증상이 무엇인지를 처음에는 도무지 알 길이 없었다. 증세가 심한 어느 흑인 관리를 상세히 관찰하고 질문해본 결과, 원인은 담배 남용이 틀림없음이 판명되었다. 이 환자는 곧 회복되었다. 그는 몇 년 동안이나 앓고 있어서 거의 일을 할 능력을 잃었기 때문에, 이것이 큰 기준이 되었으므로 그 후 나는 심한 변비 환자와 부딪치면 언제나 물어보았다.

"하루에 담배를 얼마나 피우는가?"

그리고 몇 주일 내에 니코틴이 이곳에서 얼마나 해를 끼치고 있는가를 알게 되었다.

이곳에서는 담배가 이파리째로 수입되며, 어느 정도는 금전을 대신한다. 예를 들면 약 5페니히 가치가 있는 이파리 한 장으로 파인애플 두 개를 살 수 있다. 하찮은 일의 보수는 모두 담배 이파리로 지불된다. 이 담배는 아주 질이 나쁘며 굉장히 독한 종류다. 이파리 일곱 장이 한 다발로 묶여, 이것 값이 약 반 프랑이 된다.

이곳에 습기가 없는 건계가 시작되면 밤이 약간 시원해진다.
그러나 유럽식으로 생각하면 그래도 더운 편이다.

담배는 이 형태로 큰 상자에 넣어져 미국에서 열대 아프리카 지방으로 온다. 여행을 떠날 때에는 돈 대신 담배 이파리를 한 상자 싣고 간다. 노 젓는 사람들의 식량을 사기 위해서다. 이 귀중한 상자를 도중에 흑인들에게 도둑맞지 않도록 배 안에서는 그 위에 앉아 간다. 이 물물교환용 담배는 백인들이 피우는 것보다 훨씬 독하다. 내가 본 니코틴 중독자는 여자가 많았다. 요제프의 설명에 따르면 토인은 불면증에 시달리는 경우가 많아서 그럴 때에는 고통을 덜려고 하룻밤 내내 담배를 피운다고 했다. 배를 저을 때에는 파이프가 입에서 입으로 건너간다. 배를 빨리 몰고 싶으면 일인당 두 장씩의 담배를 약속하면 된다. 그러면 확실히 한두 시간 빨리 도착한다.

치통과 첫 수술 그리고 하마

치아도 토인을 심히 괴롭힌다. 내 환자 가운데 상당한 수가 두꺼운 치석으로 인한 화농성 증상으로 잇몸이 허물어져 괴로워하고 있다. 시일이 지나면 모든 이가 느슨해져서 빠져버린다. 이상하게도 이러한 증상은 유럽의 경우보다 훨씬 잘 낫는다. 유럽에서는 아주 복잡한 조치를 취해도 효과가 없는 경우가 빈번하지만, 방부제인 알코올 용액을 규칙적으로 바르는 것만으로도 나는 효과를 보고 있다. 알다시피 이 용액은 매우 해롭기 때문에 조금이라도 환자가 삼키지 않도록 해야 한다.

내가 아직 느슨하지 않은 이를 뽑아낼 수 있다는 것이 토인에게는 믿을 수 없는 일로 보이는 모양이다. 아직은 모두가 다 번쩍거리는 집게를 신뢰하지는 않는다. 치통으로 괴로워하고 있는 어느 추장은, 일단 집에 돌아가서 아내들과 상의하기 전에는 이를 뽑는 처치를 받을 수 없다고 했다. 가족회의 결과 틀림없이 부결된 듯 추장은 다시 나타나지 않았다.

반대로 이를 전부 뽑아버리고 유럽에서 새것을 가져다 해달라고 졸라대는 사람들도 있다. 중년 남자 몇 사람이 선교사의 중개로 백인이 만든 의치를 해넣었는데, 이것이 지금 다른 사람들의 부러움을 사고 있기 때문이다.

여자의 하복부 종양이 이곳에는 아주 많다. 히스테리도 벌써 여러 번 보아왔다.

진료용 바라크가 완성되기 전에는 대수술이 없기를 바랐던 나의 희망은 이루어지지 않았다. 8월 15일에는 그 전날 밤에 운반되어 온 감돈 헤르니아(탈장) 환자를 수술해야만 했다. 아인다라는 이름의 이 환자는 모든 토인들과 같이, 그러한 병의 위험을 잘 알았으므로 나에게 수술을 간청했다. 사실 조금도 지체할 수 없었다. 황급히 여기저기 상자에서 수술기구를 찾아내어 모았다. 크리스톨 씨가 급사의 방을 수술실로 제공해주었다. 나의 아내가 마취를 맡고, 선교사 한 사람이 조수 역을 담당했다. 만사가 예상한 것 이상으로 잘되었다. 그러나 나는 이 흑인의 수술에 대한 신뢰에 감동했다.

 휴가로 유럽에 돌아가려고 내륙 지방에서 나온 한 군의는, 내가 최초의 탈장 수술 때에 이렇게 좋은 조수를 쓸 수 있었음을 부러워했다. 그가 수술을 했을 때에는 죄수 하나가 운을 하늘에 맡기고서 클로로포름을 주고, 다른 죄수 하나가 기구를 집어주었는데, 조금이라도 움직이면 두 조수의 발에 묶인 사슬이 소리를 냈다는 것이다. 원래 있던 조수는 앓아 누웠고, 그 외에는 사람이 없었던 것이다. 소독은 물론 완전하지 못했지만 그래도 환자는 나았다고 했다.

 1월 15일인 오늘, 여기까지 글을 쓰다 말고 나는 부두까지 급히 나가지 않으면 안 되었다. 심한 말라리아에 걸린 은고모의 선교사 포르 씨의 부인이 모터 보트로 도착한 것이다. 부인에게 최초의 키니네 근육주사를 놓고 나자, 소낭게 호에서 하마에게 오른쪽 허벅다리를 물어뜯겨 무참히도 살이 갈기갈기 찢긴 젊은 사나이가 카누에 실려왔다. 이 환자는 다른 곳도 심하게 상처를 입고 있었다.

 그는 다른 한 사람과 고기잡이에서 돌아오는 길이었다. 부락의 부두 근처에서 뜻밖에도 하마 한 마리가 떠올라, 배를 공중에 솟구쳐 올렸다. 다른 한 사람은 피했으나, 그는 30분 동안이나 사납게 날뛰는 하마에게 쫓겨다녔다. 그러나 허벅다리가 부러졌으면서도 간신히 둑으로 올라올 수가 있었다. 나는 상처에서 심한 감염이 일어나지 않을까 걱정했다. 여기까지 열두 시간 배를 타고 오는

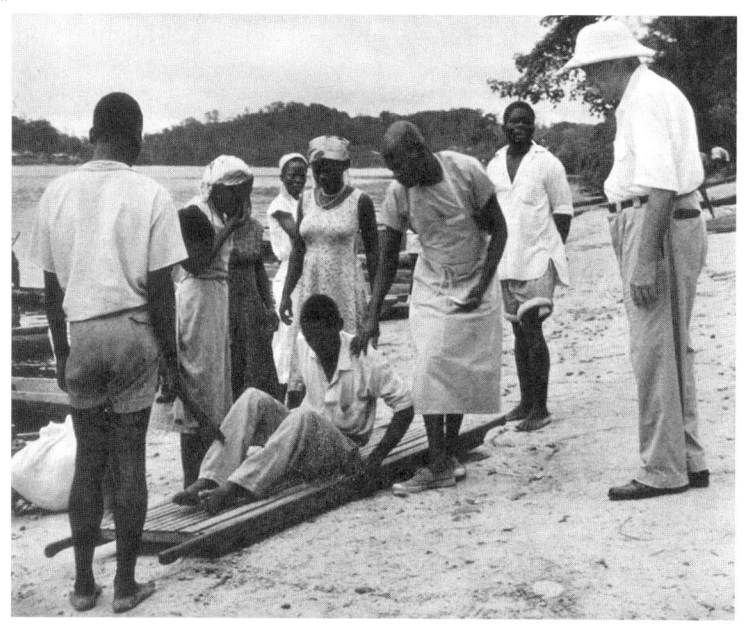

이곳 주민들의 구급차인 카누에 실려온 환자를 살펴보러 강가에 나온 슈바이처.

동안 심하게 상처난 다리에 더러운 천이 감겨 있었기 때문이다.

나 자신도 하마와 마주친 적이 있었으나, 다행히도 무사히 지나쳤다.

가을이었다. 저녁녘에 어느 농장주에게 불려갔다. 그곳으로 가려면 약 50미터가량 되는 좁고 물살이 빠른 운하를 지나가야만 했다. 하구에서 멀리 하마 두 마리가 보였다. 상점 사람들이 돌아오는 길에는 벌써 밤이 되어 있었고 하마와 좁은 운하를 피하기 위해 두 시간쯤 되는 거리를 돌아가도록 권했다. 그러나 노 젓는 사람들이 너무 지쳐 있었으므로 나는 너무 고생을 시키고 싶지가 않았다. 운하 입구에 다다르자 하마 두 마리가 30미터 전방에 떠올랐다. 울부짖는 소리가 아이들이 물 뿌리는 조루로 나팔을 부는 소리보다도 훨씬 컸다. 노 젓는 사람들은 물살이 가장 완만한 물가로 배를 몰았다. 하마는 반대편 둑을 따라 헤엄치면서 따라왔다. 우리들은 조금씩 앞으로 나아갔다. 더없이 아름답고 흥분을 느끼게 하는 광경이었다. 운하 중앙에는 야자나무 몇 그루가 물속에서 갈대처럼 나풀거리고 있었다. 물가에는 원시림이 검은 벽처럼 서 있고, 주위에는 아름다운 달빛이 빛나고 있었다. 노 젓는 사람들은 숨을 허덕이며 나직이 서로 소리를 질러 격려하고 있었다. 하마는 보기 흉한 머리를 물 위로 쳐들고서 분연히 우리들을 노려보고 있었다.

15분 후에 우리들은 운하를 빠져나와 지류를 내려갔다. 하마는 이별의 포효를 보냈다. 그러나 나는 앞으로 이 흥미로운 동물을 피하기 위해서는 두 시간을 소비하더라도 돌아갈 것을 사양하지 않겠다고 결심했다. 그러나 이 무시무시하고 아름다운 순간의 추억을 잊고 싶지는 않다.

태양은 큰 적이다

11월 1일 저녁 나는 다시 은고모로 불려갔다. 선교사 포르 씨의 부인이 방심해 그만 모자를 쓰지 않고 집 밖을 몇 미터 걸었기 때문에 높은 열과 다른 위험한 증상으로 누워 있었다.

기선 위에서 나에게, "태양은 큰 적이다"라고 말해준 사람의 의견은 옳았던 것이다. 어느 상점의 백인은 식사 후에 깜박 졸다가 화폐보다도 작은 천장의 구멍으로 새어든 햇빛을 잠시 동안 받았다. 그 결과 헛소리를 하는 무서운 열병에 걸렸다.

또 한 사람은 배가 뒤집힐 때 헬멧을 잃어버렸다. 그래서 상의와 셔츠를 벗어서 머리를 가렸으나 그래도 늦었던 것이다. 결국 그는 심한 일사병에 걸렸다.

어느 조그마한 상선의 기관사는 물가에 매어둔 배의 용골 부분을 수리하고 있었는데, 목을 너무 길게 뽑았기 때문에 헬멧 밑으로 목덜미에 햇빛이 닿았다. 이 사람도 중병에 걸렸다.

일사병에 걸린 경험이 있는 이 기관사가 친절하게도 은고모 선교소에 나를 데려다주러 가겠다고 나섰다. 나의 아내도 간호를 맡기 위해서 나와 동행했다.

한 노련한 식민지 의사의 충고에 따라, 나는 일사병을 일종의 말라리아로 취급해 키니네 용액을 충분히 근육에 주사했다. 말라리아에 감염되어 있는 사람이 햇빛을 쬐면 특히 위험하다는 점은 분명한 사실이 되어 있다. 많은 의사들은 병세의 반은 햇빛을 쬠으로써 일어난 말라리아 발작 때문이라고까지 주장한다.

더욱이 이러한 경우에는 환자가 음식을 섭취할 수 없든가, 무엇이든 토해버리든가 하므로, 생명을 위협하는 신장장해의 위험을 예방하려면 수분을 섭취시킬 필요가 있다. 그러는 데는 무균

증류수 반 리터에 4, 5그램의 순 식염을 녹여서 피하나 팔의 정맥에 주사하는 것이 가장 좋다.

은고모에서 돌아오자 병원의 골함석 바라크가 완성되었다는 보고에 놀랐다. 이주일 후에는 내부 시설의 주요 부분이 완성되었다. 요제프와 나는 내 아내의 도움을 받으며 닭장에서 언덕 아래의 바라크로 이사했다.

병원을 세우는 데는 카스트 씨, 오트만 씨라는 두 직공 선교사에게 큰 은혜를 입었다. 카스트 씨는 스위스 사람이고, 오트만 씨는 아르헨티나 사람이다. 우리 셋은 세세한 점도 상의할 수가 있었고, 또 그 두 사람이 의학상의 요구에서 오는 나의 고려에 동의해준 것은 무척 고마운 일이었다. 이리하여 바라크는 아주 검소하고 소규모였지만 더없이 편리하게 되었다. 구석 하나하나가 다 이용된 것이다.

바라크에는 4평방미터 방이 둘 있다. 앞의 것은 진찰실로, 뒤의 것은 수술실로 사용된다. 또한 넓게 솟아오른 지붕 아래 작은 방이 둘 있다. 하나는 약국, 하나는 소독실이 된다.

바닥은 콘크리트다. 창문은 아주 크고 지붕까지 닿아 있다. 이 구조 덕분에 뜨거운 공기가 지붕 밑에 고이지 않고 유동할 수가 있다. 골함석 바라크는 열대 지방에서는 견딜 수 없는 것이라고 비난을 받는데, 우리 집은 시원하므로 누구나가 다 놀랐다. 유리창은 없고 모기를 막는 가는 철사 격자가 있을 뿐이다. 뇌우를 막으려면 판자 겉창이 필요했다. 벽에는 넓은 선반이 연이어 붙어 있다. 그 중 많은 것이 아주 비싼 목재로 되어 있다. 보통 쓰는 판자가 없었던 것이다. 새것을 자르게 했다면 수중에 있는 최고의 목재를 이용하는 것보다 더 비싸게 먹혔을 것이고 또한 작업도 몇 주일이나 늦어졌을 것이다. 지붕 아래에는 흰 천을 팽팽하게 쳐서 천장으로 삼고 있다. 이것은 보통 천장보다는 틈새에서 침입해오는 모기를 막아주었다.

12월 중에 대합실과 환자 숙박용 바라크 하나가 완성되었다. 둘 다 흑인 오두막을 크게 만든 구조로, 통나무에다 라피아 야자 잎으로 이었다. 이 건축 가운데 일부는 선교사 크리스톨 씨의 충고에 따라서 내 자신이 지휘했다. 환자의 침실은 길이 13미터에 폭 6미터 넓이다. 큰 오두막이 요제프의 숙소가 되었다.

이 두 건물은 골함석 바라크에서 강의 한쪽 뒤 끝으로 통하는, 길이 약 35미터 길을 사이에 두고 있다. 이 후미로 환자의 카누가 들어온다. 그 뒤 끝은 커다란 한 그루 망고 나무 그늘에 덮여 있다.

환자 숙박소의 지붕이 완성되자, 나는 뾰족한 막대기로 진흙 바닥에 커다란 정방형 열여섯 개를 그렸다. 그 하나하나가 침대를 의미한다. 그 사이는 통로로 예정되었다.

그래서 지금까지 보트를 넣어두는 헛간에서 그럭저럭 숙박하던 환자와 그 보호자들을 불러들였다. 환자는 한 사람씩 정방형 안에 누워, 침대를 기다리게끔 되었다. 보호자들은 침대를 만들기 위한 손도끼를 받았다. 작은 말뚝에 붙은 가죽 끈이 침대의 높이를 나타내고 있다.

슈바이처의 첫 병원. 이곳에서 처음 9개월 동안에
거의 2천 명에 달하는 환자들이 치료를 받았다.

    15분 후에는 여러 척의 카누가 목재를 구하러 강 위로 혹은 강 아래로 흩어져갔다.

    저녁에는 침대가 다 완성되었다. 그것은 끝이 두 갈래로 된 튼튼한 네 기둥에 목재를 종횡으로 걸쳐서 덩굴로 묶은 것이다. 요를 대신해서 마른 풀이 깔렸다.

    침대는 땅에서 반 미터 이상 되는 높이에 있기 때문에 그 밑에는 상자나 식기나 바나나를 넣어둘 수가 있게 되어 있다. 폭은 두

세 사람이 나란히 잘 수 있을 만큼 넓다. 모기장은 환자 자신이 지참한다. 침대가 비좁을 때에는 보호자가 땅바닥에서 잔다. 남녀의 분리 수용은 이 큰 숙박소에서는 실행되지 않는다. 토인들은 대개 습관대로 잔다. 다만 나는 건강한 사람이 침대를 점령해, 환자가 땅바닥에서 자게 되는 일이 없도록 살피는 것이다.

그러나 토인의 숙박을 위해 더 많은 큰 바라크를 세워야 되겠다. 하나로는 부족하기 때문이다. 거기에다 또 전염병 환자, 특히 이질 환자를 격리시킬 수 있는 건물도 필요하다. 그러므로 진료 외에도 할 일이 많다.

수면병 환자는 선교소를 위험하게 하므로, 언제까지나 병원에 둘 수는 없다. 어쨌든 나는 후일 강 건너 둑의 한적한 곳에 그들을 위한 오두막을 세울 것이다.

의사 부인의 일과 하인의 훔치기

진료용 바라크가 완성되어 나의 아내는 이제 자기의 활동을 충분히 할 수 있었다. 닭장에서는 요제프와 내가 겨우 함께 들어가 일을 할 수 있을 정도의 장소밖에 없었다.

나의 아내는 기구를 깨끗이 씻어내는 것과 수술을 준비하는 방법을 요제프에게 가르치는 것으로 나에게 도움을 주었다. 세탁물을 관리하기도 한다. 오염된 붕대를 적당할 때에 빨고 충분히 삶는 데에도 애를 많이 썼다. 오전 10시 정각에 진료실에 나와서 12시까지 있으면서 질서 유지에 애를 쓴다.

아내가 가사 외에 오전의 대부분을 의료에 봉사하고, 거기에다 또 오후에는 일주일에 몇 번씩 수술을 위해 나와서 마취를 맡고 있었다는 것이 얼마나 힘드는 일이었나 하는 것을 이해하려면 아프리카의 가사가 아무리 단순해 보이는 것이라도 사실은 매우 복잡하다는 점을 알고 있어야만 한다.

이것이 복잡한 데에는 두 가지 이유가 있다. 토인 하인들의 직무가 엄밀히 분할되어 있다는 것과 그들을 믿을 수 없다는 것이다. 우리들은 이곳의 습관에 따라 급사, 요리사, 세탁부, 이렇게 세 사람의 하인을 고용하고 있다. 소규모 가사 운영에서 때때로 가능하듯이 세탁부의 일을 급사나 요리사에게 시킨다는 것은 우리 집에서는 절대로 불가능하다. 집안의 세탁물에다가 병원 것까지 많이 추가되기 때문이다. 이 병원 일을 제외한다고 했을 때 유럽의 부지런한 하녀라면 혼자서 모든 일을 깨끗이 해치울 것이다. 그러나 이곳에서 요리사는 부엌 일에 속하는 것만 하고, 세탁부는 세탁과 다리미질만 하며, 급사는 방과 닭장 일에만 종사한다. 자기가 맡은 일이 끝나면 쉰다.

엄밀히 한계가 정해져 있는 것 외에는 주인이 손수 할 수밖에 없다. 하녀를 이 지방에서는 구할 수 없다. 크리스톨 부인은 한 살 남짓한 딸을 위해 열네 살 난 음부루라는 이름의 흑인 소년을 고용하고 있다. 아주 선량한 흑인이라도 하인으로서는 결코 믿을 수가 없으므로, 그들에게 조금이라도 유혹의 기회를 주어서는 안 된다.

말하자면 절대로 그들을 집에 혼자 두어서는 안 된다. 그들이 집에서 일을 하는 동안은 아내도 그 자리에 있어야 한다. 더구나 그들의 부정한 마음을 자극할 만한 물건은 무엇이든 항상 자물쇠가 걸려 있는 곳에 넣어두어야 한다. 매일 아침 요리사에게는 쌀이 얼마, 기름이 얼마, 감자가 얼마, 이렇게 따져서 우리들의 식사에 꼭 필요한 양만을 내준다. 부엌에는 소금이든 밀가루든 조미료든 조금씩만 내놓는다. 요리사가 무얼 받아낼 것을 잊었다면 나중에 아내가 병원에서 다시 집까지 언덕을 올라가서 내주어야 한다.

흑인 하인을 혼자 집에 두지 않는다든가, 다른 일을 조금도 맡기지 않는다는 것을 그들은 전혀 모욕이라고 생각하지 않는다. 도난 사고가 일어났을 때에 문책을 받지 않도록 그들 자신이 주인에게 이와 같은 주의 방법을 엄중히 실행하라고 권하는 것이다. 요제프는 내가 단 2분간이라도 진료용 바라크를 떠나 약국으로 통하는 진료실에 그를 혼자 남겨둘 때에는 약국에 자물쇠를 걸어달라고 요구한다.

유럽인이 주의를 게을리하면 하인인 흑인들은 양심의 가책을 느끼지 않고 훔쳐낸다. 요제프의 말을 빌리면 자물쇠가 걸려 있지 않은 것은 돌고 돈다. 그러한 난잡한 사람에게는 무엇을 집어가도 좋은 것이다. 그럴 때에 흑인은 자기에게 가치가 있는 것뿐만 아니라 한때 마음을 끄는 것도 집어간다. 삼키타의 선교사 랑보 씨는 귀중한 전집 가운데 몇 권을 잃었다. 나의 책장에서는 바그너의 〈마이스터징거〉 피아노용 발췌곡과 바흐의 〈마태 수난곡〉이 사라져버렸다. 〈마태 수난곡〉에는 내가 추고를 거듭해 완성한 오르간 반주를 기입해두었는데!

이렇듯 우둔한 훔치기에 늘 주의를 하고 있어야 한다는 감정은 때때로 사람을 절망케 한다. 그리고 항상 어떤 것에든지 자물쇠를 채워두어야 하므로, 자기가 살아 있는 열쇠 뭉치가 되어 있다는 것이 생활을 아주 번거롭게 한다.

수 술

흑인들이 바라는 대로 한다면, 요즈음은 매일같이 수술을 해야 할 것이다. 헤르니아 환자들은 누가 맨 먼저 수술을 받을 것인가를 두고 싸운다. 그러나 당분간은 아무래도 일주일에 두세 사람 이상은 수술을 할 수 없다. 그 이상을 한다면 수술 준비와 그 후의 기구 씻는 뒤치닥거리를 아내가 감당할 수 없을 것이고, 나도 버텨낼 재간이 없을 것이다. 오전에 붕대를 감는다든가, 진찰을 한다든가 하는 일이 오후 1시경, 혹은 1시 이후까지 걸려서 그 후에 수술을 해야 하는 경우가 많다. 그러나 이 지방에서는 다른 태양 아래에서처럼 너무 지나치게 자기의 힘에 기대를 걸어서는 안 된다.

요제프가 수술 후에 피가 묻은 솜을 주워 모으고 피투성이 기

흑인 소녀와 원숭이.

구를 씻는 것을 싫어하지 않는 것은 그가 아주 개화되어 있다는 증거다. 다른 흑인이라면 피나 농으로 더럽혀져 있는 것에 절대로 손을 대지 않는다. 종교적인 의미로 불결해지기 때문이다.

적도 아프리카의 많은 지방에서는 흑인에게 수술을 받게 하기가 매우 어렵거나 전혀 불가능하다. 왜 오고우에 강 유역에서는 오히려 흑인 편에서 수술을 서둘게 되었는지를 나는 모른다. 몇 년 전 랑바레네 지구 장관 아래 잠시 있었던 조리기베르라는 군의가 많은 수술에 성공했던 것이 흑인들에게 믿음을 준 게 아닌가 생각된다. 나는 그가 뿌린 씨를 거두어들이고 있는 것이다.

최근에 나는 많은 외과 의사들도 부러워할 만한 이례적인 수술을 했다. 그것은 감돈해 늑골 아래 뒤쪽으로 솟아오른 헤르니아, 이른바 요부 헤르니아였다. 이 환자는 이런 경우 생각할 수 있는 모든 합병증을 보이고 있었다. 저녁이 되어도 수술은 끝나지 않았다. 마지막 봉합을 할 때에는 요제프가 램프를 들어 비추어주지 않으면 안 되었다. 이 환자는 완쾌되었다.

1년 반 동안에 있었던 수술 중에 큰 호평을 받은 것은 한 소년의 수술이었다. 손바닥만 한 길이의 화농한 뼈가 종아리에 솟아 있어서 부패한 분비물이 지독한 악취를 풍겼으므로, 아무도 옆에 서 있을 수가 없을 정도였다. 소년은 해골처럼 말라 있었다. 지금 그 소년은 건강해졌고, 다시 제대로 걸어다닌다.

지금까지는 모든 수술이 모두 잘되어갔다. 이것이 나에 대한 토인들의 신뢰감을 무서우리만큼 높여주었다.

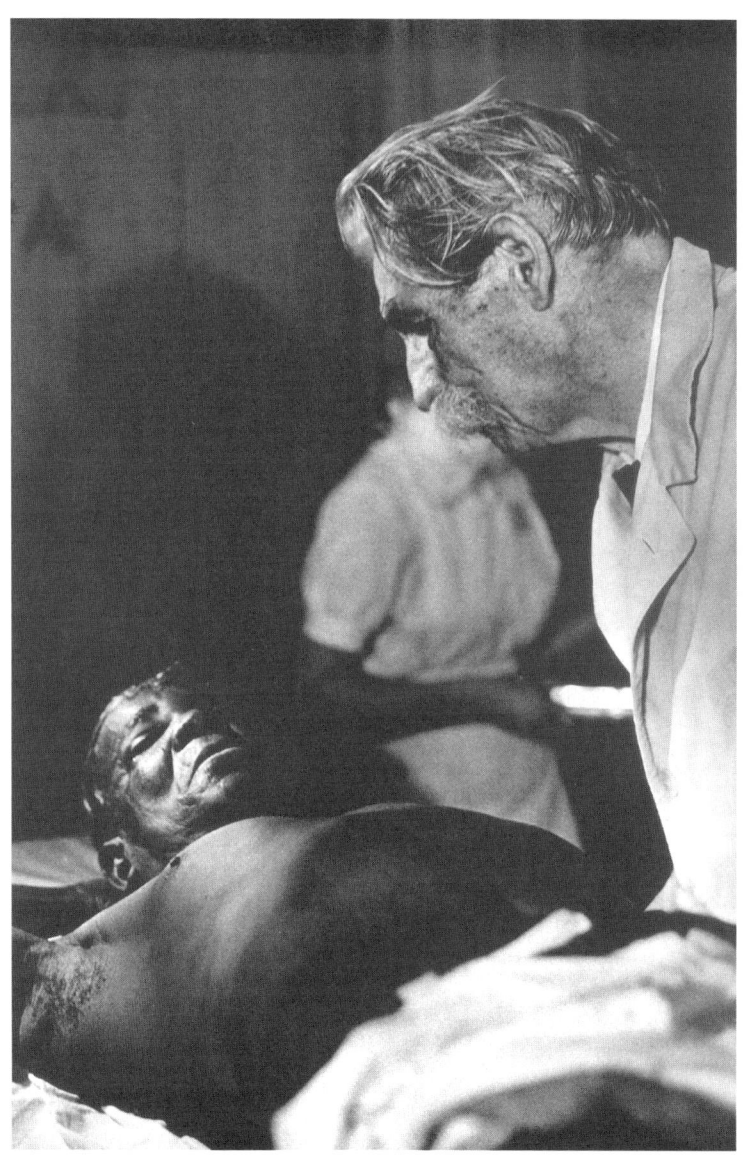

"인간은 고통이라는 이름을 가진 무서운 주인의 폭력에 예속되어 있는 존재다."

그들이 가장 놀라워하는 것은 마취다. 그것이 곧잘 화제에 오른다. 학교의 여학생들이 유럽의 일요학교와 편지를 교환하는데 그 편지 가운데 이런 구절이 있다.

"의사 선생님이 이곳에 오신 후로 우리들은 이상한 것을 경험했습니다. 그는 먼저 환자를 죽여놓고 나서 치료를 합니다. 나중에 다시 환자를 소생시킵니다."

토인들에게 마취란 바로 죽음인 것이다. 졸도로 까무러친 적이 있음을 나에게 알리려고 토인이 이렇게 말한다.

"나는 죽었더랬습니다."

감사한 마음을 행동으로 표현하려는 수술 환자도 있다. 8월 15일에 감돈 헤르니아에서 구제된 사나이는 의사 선생님이 배를 꼬매는 데 사용한 비싼 실 값을 치르려고 친척들과 함께 20프랑을 모아왔다. 다리 수술을 받은 소년의 삼촌은 목수인데, 이주 동안 날 위해 일하면서 낡은 상자를 수납장으로 개조해주었다.

어느 흑인 상인은 우기가 오기 전에 우리 집의 지붕을 이을 수 있도록 자기가 데리고 있는 노동자를 보내주었다.

어느 흑인은 내가 토인을 위해 왔다는 것에 감사를 표하러 찾아왔다. 헤어질 때 그는 의료 자금으로 20프랑을 기증해주었다.

어떤 환자는 나의 아내에게 하마 채찍을 선사했다. 하마 채찍이란 무엇인가? 하마를 죽이면 1~2센티미터 두께의 가죽을 넓이 4센티미터, 길이 1미터 반으로 자른다. 이것을 하나하나 비비 꼬이도록 하며 판자에다 팽팽하게 잡아 편다. 이것이 마르면 1미터

반 길이의 탄력 있고 모서리가 예리한, 세상에서 무서워하는 고문 도구가 된다.

아프리카에서 중요한 것

 요 몇 주일 동안, 10월과 11월에 도착한 의료용품 정리에 몰리고 있다. 예비품은 엘렌베르거 씨의 여행 기간 중 사용하기로 되어 있는 언덕 위 작은 골함석 바라크에 넣어둔다. 수술을 받은 소년의 삼촌이 바라크에 필요한 장과 선반을 만들어주었다. 상자를 헐어서 이어 붙인, 아직도 여행 때의 레테르가 붙어 있는 판자가 물론 보기 좋지는 않다. 그러나 거기에 온갖 의료용품을 넣어둘 수가 있다. 이것이 중요하다. 아프리카에 있으면 군소리를 하지 않게 된다.
 약품과 가제, 탈지면 등, 이 많은 의료품 비용을 걱정하고 있을 때 12월 우편이 새로운 기부를 알려왔으므로 나의 마음은 다시 얼마쯤 가벼워졌다. 친절한 친구들, 친지들 모두에게 어떻게 감사를 해야 할지 모르겠다.
 물건이 랑바레네에 도착하기까지는 유럽에서 살 때의 약 세 배 값이 든다. 아주 정성 들여 짐을 꾸려야 하는 비용, 철도 운임, 배의 하적료, 기선 운임, 식민지세, 강을 올라오는 운임, 선창의 고열과 물, 짐을 싣고 풀 때 짐짝을 난폭하게 다룸으로써 생기는 많은 손해가 쌓여서 그렇게 비싸지는 것이다.

우리들의 건강은 여전히 좋다. 열도 전혀 없다. 그러나 며칠간의 휴양은 필요할 것이다.

지금 이 글을 다 쓴 이 순간에 나병 환자인 한 노인이 왔다. 그는 아내와 함께 카프 로페스의 남쪽, 오고우에 강과 작은 지류로 연결되어 있는 페르난드 바즈 개펄에서 온 것이다. 이 불쌍한 부부는 300킬로미터 이상이나 강을 거슬러 노를 저어왔으므로 너무도 피로한 나머지 바로 서 있을 수가 없을 정도였다.

5
1914년 1월에서 6월까지
- 랑바레네, 1914년 6월 말

탈라구가의 여행, 노예, 사냥에 대해

1월 말에서 2월 초순까지 선교사 헤르만 씨를 간호하느라고 아내와 함께 탈라구가에 머물렀다. 헤르만 씨는 고열이 따르는 전신 습진에 걸려 괴로워하고 있었다. 헤르만 씨를 간호하는 동시에 나는 그 근방의 환자도 진료했다.

환자 중에 소년 하나가 있었다. 이 소년이 공포에 찬 표정을 보이면서 방 안으로 들어오지 않으려 하므로, 억지로 끌어들이지 않으면 안 되었다. 나중에 안 일이지만 이 소년은 의사가 자기를 죽여서 먹어버린다고 생각하고 있었던 것이다.

이 불쌍한 소년은 사람을 먹는다는 것을 이야기에서만 들은 것이 아니라 무서운 현실에서 배워 알고 있었다. 사람을 먹는 습관은 파우앵 족에게서는 오늘날까지도 계속된다. 토인은 중벌이 무서워 이러한 모든 경우를 비밀로 해두기 때문에 현재 이것이 어느 정도로 행해지는지는 확실하게 알 수가 없다. 얼마 전에 랑바레네 부근의 어떤 사람이 태만한 채무자에게 빚 독촉을 하러 멀리 떨어져 있는 부락으로 갔다. 그는 다시 돌아오지 않았다. 삼키타 부근의 노동자 한 사람도 같은 경우로 자취를 감추었다. 이 지방 사정에 정통한 사람들은 이곳에서는 행방불명이라는 것이 때때로 먹혔다는 것과 같은 의미라고 주장한다. 또 정부와 선교소가 폐지시키려고 애쓰는데도 토인의 노예 소유가 아직도 완전히 중지되지 않고 있다. 그러나 노예 소유가 공인되고 있지는 않다. 나는 때때로 환자의 보호자 중에 얼굴 생김이 이곳 토착민이나 근방 부족이 아닌 사람을 본다. 그래서 내가 노예냐고 물어보면 상대는 일종의 독특한 웃음을 지으며 머슴일 따름이라고 대답한다.

이 비밀 노예의 운명은 별로 비참한 것이 아니다. 학대를 받는 일은 거의 없다. 도망해서 정부의 보호를 받으려고도 생각지 않는다. 조사를 하면 자기가 노예라는 것을 완강히 부정하기가 일쑤다. 몇 년이 지나면 부족의 일원으로 수용되는 경우가 많으며, 아무튼 그렇게 되면 해방되어 어느 지방이든 가서 정착할 수 있는 향토권을 얻는다. 이것이야말로 그들에게 제일 중요한 문제다.

오고우에 강 하류 지방에 아직도 가정 노예가 비밀리에 존재하는 원인을 내륙 지방의 기근에서 찾을 수 있다. 자기 나라에서 생산되는 곡물이나 과수를 전혀 가지고 있지 않다는 것은 적도 아프리카의 무서운 운명이다. 바나나, 마니호트, 고구마, 감자, 기름야자 등은 이곳 원산물이 아니고 포르투갈 사람이 서인도 제도에

"토인들 사이에서 늙었다는 것은 곧 가난하다는 것을 의미한다."

서 반입한 것이다. 그들은 적도 아프리카의 큰 은인이다. 이들 유용 식물이 아직 퍼져 있지 않거나 혹은 잘 자라지 않는 지방에서는 끊임없이 기근이 지배한다. 이럴 때에는 부모는 자식을 하류 지방에 팔아서 자식이 최소한 굶주리지는 않도록 해주는 것이다.

오고우에 강의 지류인 은구니에 강 상류 지방에는 그러한 기근 지대가 있는 모양이다. 오고우에 지방의 가정 노예는 대개가 그곳 출신이다. 나의 환자 중에도 그곳에서 오는 자가 있는데, 그들은 토식(土食) 인종에 속한다. 그곳의 토인은 굶주림 때문에 흙을 먹는 습관이 생겨 충분한 음식물이 있을 때에도 그 습관을 버리지 않는다.

오고우에 강 유역에 기름야자가 수입된 점은 지금 보아도 역력히 알 수 있다. 옛날에 부락이 있었든가, 지금 부락이 있는 곳에는 강과 호숫가에 기름야자 숲을 많이 볼 수 있다. 그러나 육로를 따라서 원시림 속에 들어가보면 사람의 주택지가 없었던 곳에는 기름야자를 한 그루도 볼 수가 없다.

탈라구가에서 돌아오는 길에 우리들은 삼키타의 알자스 출신 선교사 모렐 씨 부부의 집에서 이틀을 묵었다.

삼키타는 표범이 많은 곳이다. 이 표범 한 마리가 가을 밤에 모렐 부인의 닭장에 침입했다. 닭이 우는 소리를 들은 모렐 씨는 어둠 속에서 부인에게 감시하게 하고선 사람들의 도움을 얻으러 날려갔다. 그들은 누군가 토인이 불고기를 해먹으려고 훔치러 온 줄로 알았다. 지붕에서 커다란 소리가 났으므로 모렐 부인은 될 수 있으면 달아나는 도둑의 얼굴을 보아두려고 닭장으로 다가갔다. 그러나 상대편은 재빨리 어둠 속으로 달아나고 없었다. 문을 열어 보니 땅바닥에 닭이 스물두 마리나 배를 찢긴 채 죽어 있었다. 표범만이 이렇게 죽인다. 먼저 피를 마시려고 하기 때문이다. 죽은 닭을 처리하고 나서 한 마리만은 스트리키니네를 넣어서 문 밖에 두었다. 두 시간 후에 표범이 다시 와서 그것을 먹었다. 곧 표범이 경련을 일으키며 뒹굴기 시작했다. 그사이에 모렐 씨가 총을 쏘아 죽였다.

내가 도착하기 조금 전에 삼키타 근처에 또 한 마리의 표범이 나타나서 산양 몇 마리를 찢어 죽였다고 했다.

선교사 카디에 씨 집에서 처음으로 원숭이 고기를 먹었다. 카디에 씨는 대단한 사냥꾼이다. 흑인들은 내가 별로 총을 사용하지 않으므로 약간의 불만을 품고 있다. 언제였던가 물 속에 나와 있는 나무의 그루터기 위에서 잠자고 있는 악어 곁을 지난 적이 있는데, 나는 총을 쏘지 않고 그냥 바라보고만 있었다. 그러자 나에 대한 그들의 불만이 절정에 달했다. 노 젓는 사람들은 통역을 통해 항의를 했다.

"당신하고 같이 있으면 조금도 재미가 없다. 카디에 씨와 함께라면 벌써 원숭이를 한두 마리 잡아주었거나 새를 대여섯 마리 잡아주어서 고기를 먹을 수 있었을 텐데. 당신은 모처럼 악어 곁을 지나면서도 총을 들려고도 하지 않으니!"

나는 이러한 비난은 달갑게 받아두기로 했다. 물 위에 원을 그

"나는 살려고 하는, 생명에 둘러싸여 살려고 하는 생명이다."

리고 있는 새를 쏘고 싶지 않다. 더구나 원숭이는 쏘고 싶지 않다. 사람들은 때때로 서너 마리를 계속 죽이고 상처를 입히면서도 그 중 한 마리도 손에 넣을 수 없는 경우가 있다. 그것들이 무성한 나뭇가지에 걸려버린다든가, 들어갈 수 없는 늪의 덤불 속에 떨어져 버리기 때문이다. 시체를 찾아내면 울부짖으며 싸늘하게 식어가는 어미에게 달라붙는 애처로운 새끼 원숭이를 보기가 일쑤다.

내가 총을 쓰는 것은 주로 랑바레네의 우리 집 주위의 풀 속에서 우글거리고 있는 뱀을 쏘든가, 집 앞의 종려나무에 있는 피리새 집을 노략질하러 오는 맹수들을 죽이기 위해서다.

삼키타에서 돌아오는 길에 하마 떼 열다섯 마리를 만났다. 하마 떼가 물 속으로 뛰어든 후에도 아주 작은 놈 한 마리가 모래펄 위를 걸어다니며, 걱정스럽게 부르고 있는 어미 소리는 들으려 하지 않았다.

흑인의 법 관념

요제프는 자기의 맡은 바를 잘 이행하고 수술 환자들도 잘 돌봐주었다. 그는 어떤 사람이 곪아터진 팔을 잘라낸 곳에 옥시풀 붕대를 자기가 생각해내서 감아주었다! 그는 이것을 과붕산 나트륨에서 만들어내야만 했다.

하마에게 상처를 입은 청년은 병세가 악화되었다. 삼주 동안 집을 비웠기 때문에 적당한 시기에 수술을 하지 못했던 것이다. 그래서 내가 급히 허벅다리를 절단하는 도중에 그는 죽었다.

그가 마지막 숨을 쉬고 있을 때, 그의 형제는 당시 그 불운한 고기잡이에 같이 갔던, 간호를 돕느라 따라와 있던 남자에게 위협하는 듯한 눈초리를 하며 작은 목소리로 대들었다. 죽은 사람의 몸이 식어가는 동안, 두 사람의 대화는 점점 격해졌다. 요제프가 나를 옆으로 끌고 가서 이 소동을 설명해주었다.

간호를 도우러 온 자는 이름이 은켄주다. 하마가 습격했을 때 저 불운한 사나이와 같이 고기잡이를 나갔는데, 그날 같이 고기를 잡자고 그가 권유했다는 것이다. 그러므로 그는 토인의 법에 따르면 죽은 사나이에 대해 책임이 있다. 그러니까 그는 몇 주일 동안이나 부상자를 돌보려고 자기의 부락을 떠나야만 했던 것이다. 그런데 유족이 지금 시체를 하류 부락까지 운반해가므로 법률 사건을 당장 해결하기 위해 그도 같이 가지 않으면 안 된다. 하지만 그는 따라가면 맞아 죽을 것이라고 생각해 가려고 하지 않는다는 것이다. 나는 죽은 자의 형제에게 은켄주는 지금 나의 고용인으로 볼 수 있으므로 보내지 않겠다고 선언했다. 그 때문에 이번에는 그 형제와 나 사이에 격론이 벌어졌다. 그사이에 시체는 카누에 옮겨지고, 어머니와 숙모들이 소리를 맞추어 애도의 노래를 부르고 있었다. 상대편의 말로는, 은켄주를 죽이지는 않고 다만 배상금을 부과할 따름이라고 했다. 그러나 요제프의 말로는 그러한 보장을 믿을 수 없다고 하므로 나는 그들이 출발할 때까지 물가에서 있어야 했다. 그들이 몰래 은켄주를 강제로 카누에 끌어넣을지도 모르기 때문이다.

  나의 아내는 그 흑인이 자기 형제가 마지막 숨을 거둘 때에 조금도 슬픈 빛을 보이지 않고 법률 사건의 해결만을 생각하고 있는 것을 보고서 깜짝 놀라 그의 매정함에 분개했다. 그러나 그러한 견해는 옳지 않을 것이다. 그는 다만 자기의 견해로는, 형제의 생명에 책임을 져야 할 사나이가 배상을 하지 않고 달아나는 일이 없도록 즉시 조치를 했을 뿐으로, 신성한 의무를 다한 것에 지나지 않는다.

슈바이처의 병원 앞에서 치료를 기다리는 환자들. 진료에 대한 감사 표시나 약값으로 바나나, 닭, 달걀을 받는 것이 점차 관례가 되었다.

하나의 행위에 보상이 없어도 좋다는 관념은 흑인에게는 이해가 가지 않는 것이다. 이 점에서 그들은 순전히 헤겔식으로 생각한다. 어느 사건의 법률적 단면이 그들에게는 언제나 제일의 문제인 것이다. 그러므로 법률 문제의 논의가 그들의 시간의 대부분을 차지한다. 유럽의 가장 귀찮은 소송광도 흑인에 비하면 순진한 아이에 지나지 않는다.

중한 복수(腹水)병에 걸린 어느 파우앵 족의 사나이에게 내가 천자술(몸에 주사 침을 찔러 체내의 액체를 뽑는 것)을 하려고 했을 때, 그는 말했다.

"의사 선생님, 빨리 물을 다 빼주십시오. 다시 숨을 쉬고, 뛰어다닐 수 있도록 말입니다. 배가 이렇게 부풀어올랐을 때에 아내가 집을 나가버렸어요. 그러니까 결혼할 때 아내 때문에 지불한 돈을 급히 찾으러 가야 합니다."

어느 소년이 절망적인 증상으로 운반되어왔다. 오른쪽 발이 궤양으로 반이나 썩어 있었다.

"왜 더 빨리 데리고 오지 않았지?"

"선생님, 그렇게 할 수가 없었어요. 담판을 하나 해결해야 했거든요."

법적인 해결을 얻어야 할 분규는 무엇이든 담판이라고 불린다. 사건은 작든 크든 간에 똑같이 진지하고 면밀하게 해결된다. 닭 한 마리 때문에도 오후 내내 부락의 장로 앞에서 담판이 행해진다. 흑인은 누구나가 다 법률에 정통해 있다.

책임의 범위가 우리들의 관념에서 보면 아주 넓다. 이것이 법 생활을 심히 복잡하게 하고 있다. 흑인 한 사람의 빚에 대해서 그 가족 전체가 가장 먼 인척까지도 책임을 진다. 배상도 매우 가혹하다. 하루 동안 슬쩍 남의 카누를 사용하면, 카누 값의 3분의 1을 벌금으로 지불해야 한다.

우리들의 관념으로 보아서, 벌이 죄과에 비해서 너무 무거울 때에도 토인은 그것을 당연한 것으로 받아들인다. 이것은 굴하지 않는 정의감과도 관련이 있다. 만약 벌을 받지 않는다면, 그는 피해자가 지독히 바보라는 해석밖에 내리지 않을 것이다.

그러나 조금이라도 부당한 판결을 받으면 굉장히 흥분한다. 그것을 결코 허용하지 않는다.

그러나 자기가 죄를 자인하고 자백하지 않을 수 없을 때에만 그 벌을 정당하게 여긴다. 조금이라도 남이 믿을 수 있을 만큼 부인할 수 있는 한은, 설령 정말로 죄가 있더라도 판결에 대해서 진심으로 분개한다. 이러한 미개인의 경향을 그들과 관계를 맺고 있는 사람은 누구나 다 계산에 넣어두지 않으면 안 된다.

은켄주가 불운한 고기잡이 친구의 가족에게 배상금을 지불해야 한다는 것은 당연한 일이다. 물론 그 죽음에 대해서는 간접적인 책임밖에 없지만. 그러나 그의 가족은 그 사건의 해결을 정식으로 랑바레네의 지방 재판에 제기하는 것이 당연하다. 그때까지는 나는 그를 제2조수로 쓰기로 했다. 그는 그야말로 미개인이지만 아주 재치가 있었다.

조수 요제프

요제프에게는 언제나 만족한다. 그는 글을 읽지도 쓰지도 못한다. 그럼에도 약국 선반에서 약품을 내릴 때 틀리는 일이 없다. 글자는 모르지만 약병 모양을 외우고 있는 것이다. 그는 기억력이 매우 좋고 언어 능력이 특출하다. 아홉 가지 흑인 방언에다가 프랑스 말과 영어도 상당히 잘 한다.

지금 그는 독신이다. 그가 요리사로 해안에 있을 무렵에, 그의 아내가 어느 백인과 동거하려고 달아나버렸기 때문이다. 새 아내를 살 값은 600프랑 정도일 것이다. 이 결혼금은 분할 지불할 수도 있다. 그러나 요제프는 후불로 얻은 아내는 나쁜 물건이라고 여기고 있으므로 별로 얻고 싶어 하지 않았다. 그가 나에게 말했다.

"아내 대금을 전부 지불해버리지 않으면 형편없는 생활을 하게 됩니다. 그런 아내는 남편의 말을 듣지 않으며, 기회 있을 때마다 아직도 지불이 다 끝나지 않았으니 군소리를 할 건덕지가 없다고 대드니까요."

요제프는 다른 토인들과 마찬가지로 절약할 줄을 모른다. 그래서 나는 아내를 사기 위한 저금통을 만들어주었다. 야근과 특별 근무에 대한 수당 전부와, 백인 환자의 팁이 이 저금통에 들어간다.

'랑바레네 의사의 제1조수.' 자신을 이렇게 부르는 그가 돈을 얼마나 헤프게 쓰는가를 나는 최근에야 알았다. 어느 상점에 못과 나사를 사러 갔을 때 그는 나를 따라왔다. 그때 그의 한 달 수입 정도쯤의 값이 나갈 에나멜 가죽 구두 한 켤레가 그의 눈에 띄었다. 그것은 파리의 쇼윈도에 너무 오래 있었기 때문에 햇빛에 바래 가죽에 금이 가서 다른 많은 투매품과 마찬가지로 아프리카 행이 된 물건이었다. 아무리 경고의 눈짓을 해도 소용이 없었다. 그 구두를 팔게 되어 기뻐하는 백인 상인이 언짢아할까 봐 사지 말라고도 할 수 없어서 판매대 옆에서 얼빠진 듯 바라보고 있는 흑인들 틈에 끼여 밀치면서 살며시 옆구리를 두어 번 찔러주어도 소용이 없었다. 나중에는 몰래 뒤에서 허벅지를 아프도록 꼬집어주었더니 드디어 아픔을 참지 못해 백인과의 상담을 그만두었다. 카누에 오른 후, 그의 어린아이 같은 낭비에 대해 오랫동안 이야기를 했으나, 결과는 엉뚱하게 되고 말았다. 다음날 몰래 그 상점으로 가서 에나멜 가죽 구두를 사버린 것이다. 그는 우리 집에서 얻는 수입의 반 정도를 옷과 구두와 넥타이와 사탕을 사는 데 써버린다. 그는 나보다도 훨씬 멋쟁이 복장을 하고 있다.

  이 몇 개월 동안에도 일은 여전히 늘어날 뿐이다. 우리 병원은 아주 좋은 곳에 자리를 잡고 있다. 상류와 하류의 몇백 킬로미터 떨어진 먼 곳에서도 오고우에 강과 그 지류에 카누를 띄우기만 하면 환자를 싣고 올 수 있다. 보호자가 환자와 같이 숙박할 수 있다는 것도 병원을 충분히 이용하는 커다란 이유가 되었다.

  그 외에 또 하나 중요한 것이 있다. 그것은 내가 언제나 병원에 있다는 점이다. 지금까지 두서너 번밖에 없었지만, 내가 중환인 선교사나 그 가족을 진찰하려고 다른 선교소로 출장을 가지 않으면 안 되었을 때만이 예외다. 그러므로 나에게 오려고 먼 곳에서 출발해 여행의 노고와 비용을 쓰는 토인들은 분명히 목적대로 나를 만날 수 있다. 이것은 자유로운 의사가 정부 의무관보다 나은 점이다. 의무관은 관청의 명령으로 때때로 다른 곳으로 파견되며, 장기간 군대와 행동을 함께해야 했기 때문이다.

"거기에다 또 당신은 다른 의사들처럼 서류 작성이나 보고, 통계 등으로 많은 시간을 허비할 필요도 없습니다. 이것은 상상도 할 수 없을 만큼 유리한 점입니다"라고 최근 지나는 길에 인사하러 온 어느 군의관이 말했다.

수면병

수면병 환자를 수용할 건물을 건너편 둑에 지금 짓고 있다. 많은 돈이 들 뿐만 아니라 많은 시간이 걸린다. 숲의 개척과 집을 건축하기 위해 고용한 노동자를 내가 직접 감독하지 않으면 어떤 일도 진척되지 않는다. 오후 내내 나는 환자를 내버려두고 건너편 둑에서 현장 감독 역할을 하지 않으면 안 되었다.

수면병은 처음 상상하던 것 이상으로 이 지방에 퍼져 있다. 그 발생 중심지는 이곳에서 150킬로미터쯤 떨어진 오고우에 강 지류 은구니에 강 유역 지방이다. 고립된 발생지는 랑바레네 주변과 은고모 내부의 몇몇 호수 주변에도 산재해 있다.

수면병이란 무엇일까? 그것이 어떻게 퍼져나가는 것일까? 그것은 옛날부터 적도 아프리카에 있었던 것 같다. 그러나 교통이 성하지 않았으므로 발생지에만 국한되어 있었던 것이다. 즉 토인간의 교역은 각 부족이 상품을 해안에서 내부로, 또 내부에서 해안으로 운반할 때, 자기들 영지 경계선까지만 가지고 가 거기서 다른 부족의 상인에게 넘겨주는 방법으로 이뤄졌다. 내 방 창문에서 은구니에 강이 오고우에 강으로 흘러 들어오는 지점이 보인다. 랑바레네 부근에 사는 갈로아 족은 옛날에는 거기까지밖에 갈 수가 없었다. 그 지점을 넘어서 내부로 들어간 자는 잡아먹히고 말았던 것이다.

유럽인이 오고부터 노 젓는 사람이나 흑인 인부를 한 지방에서 다른 지방으로 데리고 갔다. 그 중에 수면병 환자가 있다면 그 병을 새로운 지방에 옮겨놓게 되었던 것이다. 오고우에 강 유역에서는 옛날에는 이 병이 알려져 있지 않았다. 30년쯤 전에 로안고에서 온 인부가 끌어들인 것이다.

수면병이 새로운 지방에 들어오면 처음에는 가공할 만큼 황폐화시킨다. 첫 번째 대유행으로 주민 3분의 1을 앗아가는 수도 있다. 예를 들면 우간다 지구에서는 30만 인구를 6년 동안에 10만으로 감소시켜버렸다. 어느 장교에게서 들은 이야기로는 그가 오고우에 상류 지방 인구가 약 2천 명인 부락에 간 적이 있는데, 2년 후에 그곳을 들러 보았더니 인구가 500명밖에 없었다는 것이

선교소에서 생활하는 아이들은 숙박과 식량을 제공받는 대신 선교소에서 노동을 해야 한다.

다. 그동안에 수면병으로 죽어버렸던 것이다.

우리들로서는 어떻게 설명할 수가 없는 사실이지만, 몇 년 후에는 수면병은 약화되어 다만 일정한 수의 희생자를 계속 요구하게 된다. 그러다가 다시 갑자기 극심하게 나타날 수도 있다.

이 병은 강하고 약한 갖가지 불규칙한 발열로 시작된다. 환자가 병을 자가치지 못한 채로 몇 개월 동안이나 이 열이 나타났다가 가셨다가 하는 수도 있다. 건강 상태에서 갑자기 수면 상태로 빠진다고 말할 수 있는 환자도 있다. 그러나 통례적으로 발열기 동안에 심한 두통이 일어난다.

"선생님, 머리가, 머리가! 죽을 것만 같아요"라고 말하는 환자들을 참으로 많이 보아왔다. 수면기 전에는 괴로운 불면증도 나타난다. 이 시기에 정신병에 걸리는 환자도 있고, 대개는 우울증에 걸리지만 때로는 광증에 걸리는 사람도 있다. 내가 처음으로 취급한 수면병 환자 중 하나는 자살을 하려고 해서 운반되어온 젊은 남자였다.

발열과 함께 일반적으로 류머티즘성 통증도 일어난다. 은고모 부근의 호수 지방에 사는 백인 한 사람이 좌골신경통으로 나에게 왔다. 세밀히 진찰해보았더니 초기 수면병이었다. 나는 즉시 그를 파리의 파스퇴르 연구소로 보냈다. 프랑스인 수면병 환자는 그곳에서 요양한다.

환자가 불안한 기억상실을 자각하는 수가 매우 많다. 이것이 간혹 주위 사람들의 눈에 띄는 최초의 징후다.

시일이 지나면 대개가 발열이 있고 나서 2, 3년 후에 수면이 시작된다. 처음에는 보통 강한 졸음이 온다. 환자가 조용히 앉았을 때라든가 식사 직후에 곧 졸기 시작한다.

최근 여기까지 오는 데 무려 엿새나 걸리는 무일라에서 권총 손질을 하다가 손에 총을 쏘아버렸다는 백인 한 사람이 치료를 받으러 왔다. 그는 가톨릭 선교소에 묵고 있었다.

그가 붕대를 다시 감으러 올 때에는 언제나 흑인 청년이 따라와 바깥에서 기다리고 있었는데, 하사관이 진료실을 나서면 언제나 같이 온 흑인 청년을 한참 찾든가 불러야만 겨우 졸음 오는 눈으로 한쪽 구석에서 나왔다. 주인은 이 흑인이 아무 데서나 유유히 낮잠을 자버리기 때문에 지금까지 몇 번이고 잃어버릴 뻔했다고 나에게 하소연했다. 그래서 나는 그의 피를 검사해보고서 수면병이라는 것을 밝혀냈다.

마지막에는 수면이 점점 깊어져서 드디어 혼수상태로 옮아간다. 그렇게 되면 환자는 감각을 잃고 아무렇게나 뒹굴어 대소변도 모르고 누워 잔다. 그리고 점점 여위어간다. 욕창으로 등과 옆구리가 궤양투성이가 되어서 그것이 자꾸만 번져간다. 무릎이 목에까지 굽어든다. 참으로 무서운 광경이다.

이러한 고통에서 해방시켜주는 죽음도 좀처럼 빨리 오지는 않는다. 때로는 상당히 긴 소강상태가 나타나기도 한다.

12월에 나는 그러한 말기 수면병 환자를 다루었다. 사주가 지나자 그의 가족들은 그가 자기 부락에서 눈이라도 감도록 해주기 위해서 급히 데리고 갔다. 나도 그가 곧 죽으리라는 것을 예기했다. 그러나 최근에 그가 다시 음식도 먹고, 말도 하고, 몸을 일으켜 앉을 수 있게 되었다가 4월이 되어서야 죽었다는 소식을 들었다.

대개는 마지막에 폐렴이 죽음으로 이끌어가는 원인이 된다.

수면병의 정체에 관한 지식은 최근에 이룬 의학적 업적 가운데 하나다. 이 업적은 포드, 카스텔라니, 브루스, 더턴, 코흐, 마르탱, 르뵈프 등의 이름과 관련되어 있다.

수면병은 1803년에 시에라레온의 토인들에게서 관찰된 증거에 의거해 처음으로 기술되었다. 그 후 이 병은 아프리카에서 서인도

제도와 마르티니크 섬에 옮겨진 흑인들을 대상으로 연구되었다. 아프리카 자체에서 광범한 관찰이 시작된 것은 1860년대부터의 일이다. 이 관찰은 처음에는 병세 말기에 대해 조금 상세하게 기술하는 데 그쳤을 따름이었다. 이 시기 전에 다른 시기가 있다는 것은 알려져 있지 않았다. 몇 년 동안이나 계속되는 발열 상태를 수면병과 결부시킨다는 생각에는 누구도 미치지 못했다. 이것은 두 증상에서 동일한 병원체를 발견했을 때에 비로소 가능했다.

 1901년에 영국 의사 포드와 더턴 두 사람이 갬비아에서 열병 환자의 혈액을 현미경으로 검사한 결과 예상했던 말라리아 병원체는 발견되지 않고 다른 움직이는 미생물이 발견되었다. 이것은 형태가 돌고 있는 송곳을 닮아 있었으므로 트리파노소마(천공제)라 이름 지어졌다. 2년 후 수면병 연구를 위한 영국 의학자들이 우간다 지방의 많은 환자들에게서 그와 같이 운동하는 미생물을 발견했다. 그들은 포드와 더턴의 발표를 알고 있었으므로, 자기들이 발견한 미생물이 갬비아 지방의 열병 환자에게서 발견된 것과 동일한 것이 아닐까 하는 의문을 품고서 이번에는 자기들이 열병 환자를 검사해본 결과 수면병 환자의 경우와 같은 병원체를 발견했다. 이리하여 갬비아열은 수면병의 전기 상태에 지나지 않는다는 것이 입증되었다.

 수면병은 주로 체체파리의 일종인 글로시나 팔팔리스에 의해 전파된다. 글로시나는 수면병 환자에게서 병원체를 한번 얻으면 전 생애에 걸쳐 오랫동안 그 병을 전파한다. 환자의 혈액과 함께 글로시나의 체내에 들어간 트리파노소마는 그 속에서 살다가 증식해, 그 후 글로시나가 찌르는 인간의 혈액 속에 그 타액과 함께 들어간다. 이 파리는 낮에만 날아다닌다.

더 상세한 수면병 연구로 그것이 모기에 의해서도 전파된다는 것이 판명되었다. 모기가 수면병 환자를 찌른 직후 타액 속에 아직도 트리파노소마를 가지고 있는 동안에 건강한 사람을 찌르는 경우다. 그러니까 글로시나가 낮에 한 일을 모기 떼가 밤에 계속 하는 것이다. 불쌍한 아프리카여!

그러나 모기는 트리파노소마를 결코 오랫동안 갖고 있지는 않다. 모기의 타액은 수면병 환자에 의해 오염된 직후 극히 짧은 기간 동안만 위험하다.

그 본성상, 말하자면 수면병은 언제나 죽음을 가지고 오는 일종의 만성 뇌막염 및 뇌염이다. 이것이 일어나는 것은 처음에는 혈액 속에만 있었던 트리파노소마가 나중에는 뇌척추막액(리쿠오르 케레브로-스피날리스) 속으로 옮아가기 때문이다.

수면병 치료에는 트리파노소마가 아직도 혈액 속에만 있고, 뇌척추막액에 이르기 전에 그것을 근절하는 것이 중요하다. 지금까지 수면병 치료에 사용되어오던 유일한 약품인 아톡실은 비소-아닐린 화합물의 일종(이성 아비산)으로 혈액 속에서만 상당히 확실한 약효를 발휘할 뿐이다. 뇌와 척추 속에서는 많은 섞든 드리파노소마가 이 약의 작용에서 자유롭다.

그러므로 의사는 수면병이 최초의 발열을 일으키는 시기에 그것을 확인하지 않으면 안 된다. 여기에 성공한다면 회복할 가망이 있다.

따라서 수면병이 문제가 되는 지방에서는 진찰이 심히 복잡해진다. 모든 발열, 모든 지속성 두통, 모든 연속적 불면, 모든 류머티즘성 아픔 등이 있을 때에는 현미경 검사를 해보아야 하기 때문이다. 그리고 더욱 운이 나쁜 것은 혈액의 트리파노소마 검사가 간단하지 않고 몹시 시간이 걸린다는 것이다. 즉 길이가 약 0.018밀리미터인 이 담색의 아주 가느다란 병원체가 혈액 속에서 발견되는 일이 드물기 때문이다. 내가 지금까지 현미경으로 서너 개의 병원체를 포착한 예는 단 한 번 밖에 없었다. 대개는 병이 확실히 있는 경우에도 계속 몇 방울의 혈액을 검사한 후에야 겨우 하나의 트리파노소마를 검출하는 수가 많다.

이때 혈액 한 방울을 엄밀히 검사하려면 적어도 10분은 걸린다. 그러므로 의심스러운 어떤 환자의 혈액 때문에 한 시간이나 앉아서 혈액 네댓 방울을 검사한 결과, 아무것도 검출하지 못했다 하더라도 그것으로 수면병이 아니라고 말할 수 없고 다시 한층 더 시간이 걸리는 방법을 써야 한다. 이 방법이라는 것은 환자의 팔 정맥에서 혈액을 10제곱센티미터 뽑아 소정의 규칙대로 한 시간 동안 원심분리를 하면서 노상 최상층을 내버리는 것이다. 이리하여 10제곱센티미터 혈액 전체 속의 트리파노소마가 침전했을 최후의 몇 방울을 현미경에 거는 것이다. 이 결과가 음성이더라도 여전히 수면병이 아니라고 단언할 수 없다. 오늘 혈액 속에서 트

원주민 흑인의 생활 모습.

리파노소마가 검출되지 않더라도 혹시 열흘 후에는 검출될지도 모르고 오늘 검출되었다 하더라도 사흘 후부터는 잠시 동안 검출되지 않을지도 모른다! 내가 트리파노소마를 확인한 어느 백인 관리는, 나중에 리브르빌에서 몇 주일 계속 관찰을 했는데도 두 번 다시 트리파노소마가 검출되지 않았다. 브라자빌의 수면병 연구소에서야 비로소 새로이 그것이 확인되었다.

그러므로 만약 내가 엄밀한 처치를 하려고 한다면 의심스러운 발열과 두통이 있는 환자 두 사람만으로도 나를 오전 내내 현미경에 묶어둘 것이다. 그러나 집 밖에는 오전 중에 진료를 받고 싶어 하는 환자가 20명이나 앉아 있다! 수술 환자의 붕대도 바꾸어주어야 한다! 이렇게 분주하고 환자가 서둘러대는 통에 나는 때때로 아주 신경질적이 되어 나 자신을 분간할 수가 없게 된다.

트리파노소마를 검출하면 나는 증류수에 녹인 아톡실을 피하에 주사한다. 더구나 첫날에는 0.5그램, 사흘째는 0.75그램, 닷새째에는 1그램, 그 이후에는 닷새마다 0.5그램씩이다. 여자와 소아에게는 적당히 양을 줄인다. 110도에서 살균한 용액은 보통 만들어진 것보다 효력이 강하다.

아톡실은 매우 위험한 약품이다. 용액에다 잠시 동안 빛을 비추면 살바르산과 같이 분해를 일으켜 유독성이 된다. 그러나 완전한 방법으로 조제한, 분해를 일으키지 않은 것도 시신경을 해쳐서 실명을 일으키는 수가 있다. 이것은 용량이 많았기 때문이 아니다. 소량이 때로는 대량보다도 위험하다. 더구나 소량으로는 아무런 효력도 없다. 환자의 약에 대한 반응을 시험하기 위해 소량으로 시작해보면 트리파노소마는 약에 길이 들어버린다. 소위 '아톡실 내성'을 얻으므로 그 후로는 최대량에도 견디어내게 된다.

나의 수면병 환자들은 닷새마다 주사를 맞으러 온다. 주사를 놓기 전에 나는 걱정하며 눈이 잘 보이지 않게 된 사람은 없는지 물어본다. 다행히도 지금까지 실명의 기록은 단 한 건밖에 없다. 그것도 이미 중병인 수면병 환자의 경우였다.

현재 수면병은 아프리카 동해안에서 서해안까지, 북으로는 니제르 강에서 남으로는 잠베지 강까지 만연되어 있다. 우리들은 이것을 이겨낼 수 있을까? 이 넓은 범위에 걸쳐서 조직적으로 수면병과 싸우려면 많은 의사와 많은 돈이 필요할 것이다…….

그러나 죽음이 벌써 승리자로 활보하고 있는 곳에서 유럽의 여러 나라는 죽음을 누르기 위한 자금을 내는 데 인색하고, 그 대신 무의미한 군비 모금에 마음을 쓰고 있어 유럽 내부에서도 죽음을 위한 새로운 희생물을 마련하고 있다.

유럽보다 훨씬 많은 궤양

수면병과 함께 나의 시간을 가장 많이 빼앗아가는 것은 여러 가지 궤양이다. 이곳에서는 궤양이 유럽보다 훨씬 많다. 이곳 학교 학생들의 4분의 1은 언제나 궤양에 걸려 있다. 그 원인은 무엇일까?

많은 궤양은 보통의 벼룩보다 훨씬 작은 모래벼룩(린코프리온 페네트란스)에 의해 일어난다. 그 암컷은 발가락의 가장 부드러운 부분, 특히 발톱 밑에 곧잘 들어가서 피부 밑에서 작은 불콩만한 크기가 된다. 이 기생충을 제거하면 작은 상처가 생긴다. 그곳이 불결해 감염이 생기면 일종의 괴저가 일어나서 때때로 발가락이나 그 한 마디를 희생시킨다. 이곳의 흑인치고 온전히 발가락 열 개를 가지고 있는 사람은 몇 개의 발가락을 잃은 사람보다도 적다.

지금은 중부 아프리카의 중대한 고민거리의 하나가 되어 있는 모래벼룩이 원래 토착민의 것은 아니고, 1872년 이후에 남아메리카에서 들어왔던 것이다. 그 후 10년 동안에 그것이 대서양에서 인도양에 이르는 흑민 식민지에 퍼진 것이다. 이곳에 있는 가장 악질적인 소위 산구나겐타라는 개미도 남아메리카에서 바다를 건너온 짐짝에 붙어와서 이곳에서 살게 되었다.

모래벼룩에 의해서 일어나는 궤양 외에 소위 크로우크로우라는 궤양이 있다. 이것은 대개 다발하는 것으로 발이나 종아리를 즐겨 습격하며, 아프기가 이만저만이 아니다. 그 병원체는 확실치 않다. 처치는 궤양부를 탈지면으로 충분히 출혈할 때까지 파내는 것이다. 그리고 나서 승홍수로 씻어내고 잘 알려져 있는 분말인 붕산을 채운다. 거기에다 붕대를 감아 열흘 동안 그대로 둔다.

소위 프람보에시아(딸기마마)에 의해 일어나는 궤양도 있다.

이것은 온몸 어디에나 나타난다. 프람보에시아라는 이름은 초기에 노란 딱지에 싸인 돌출한 발진 형태로 나타나는 데서 연유한다. 이 딱지를 떼면 조금 피가 나는 표면이 나타난다. 그러면 발진은 표피에 붙은 나무딸기처럼 보인다. 어느 날, 어머니의 가슴에서 전염된 젖먹이가 온 적이 있는데 이 아기는 마치 무슨 진득진득한 것을 바르고 거기에다 나무딸기를 갖다 붙인 것같이 보였다. 이 최초의 발진이 끝나면 몇 년에 걸쳐 온몸 여러 곳에 납작한 궤양이 나타난다.

열대 지방 어디에나 퍼져 있는 이 병은 아주 전염되기 쉽다. 이곳에서는 거의 모든 흑인이 이것에 걸려본 경험을 가지고 있다. 낡은 치료법으로는 궤양부를 유산동(쿠프룸 줄푸리쿰) 용액으로 적시고 환자에게 매일 요드 칼리(칼륨 요오다툼) 2그램을 물약으로 만들어주었다. 그러나 요즈음에 와서 아르젠 벤졸의 정맥주사가 빠르고 영속적인 치유를 가지고 온다는 것이 판명되었다. 마치 마술처럼 궤양이 사라진다.

가장 악성 궤양은 소위 침식성, 즉 어디까지나 파먹어 들어가는 열대성 궤양(울쿠스 파게다에니쿰 트로피쿰)이다. 이것은 모든 방향으로 퍼져간다. 다리 전체가 하나의 상처가 되어버려 그 속에서 살이나 뼈가 하얀 섬처럼 보이는 경우도 흔히 본다. 참을 수 없을 만큼 아프다. 악취가 심해 이 환자 옆에 있을 수도 없다. 환자는 어떤 오두막에 누워서 날라다주는 음식물을 받아 먹는다. 차츰 여위어가다 무서운 고통 속에서 죽는 것이다.

"나는 토인들이 인생의 의의나 선악의 본질과 같은 기본적인 문제에 대해
대체로 내가 생각했던 것보다 훨씬 더 관심이 많다는 것을 그들과 대화를 해보고 알았다."

궤양 중에서도 가장 무서운 이 침식성 궤양은, 오고우에 강 유역에 굉장히 많이 퍼져 있다. 소독이나 붕대를 해도 아무런 소용이 없다. 환자를 마취시켜놓고 건전한 조직에 이를 때까지 아주 조심스럽게 궤양을 제거할 수밖에 도리가 없다. 이 수술 동안에 피가 많이 흐르지만 아무튼 끝나면, 과망간산 칼리 용액으로 세척한다. 그 후로는 매일 다시 화농한 반점이 어디 나타나는가를 검사해, 나타나면 즉시 그곳을 새로 제거한다. 궤양이 완쾌될 때까지는 몇 주일, 몇 개월이 걸리는 수도 있다. 그 때문에 붕대 반 상자가 소비된다. 게다가 또 환자를 그렇게 오랫동안 부양하는 데 얼마나 많은 비용이 드는지! 그러나 궤양 때문에 발이 굽은 환자가 발을 절면서도 아프고도 악취가 풍기는 비참함에서 해방되어 진심으로 기뻐하며 카누에 올라 귀향하는 것을 보는 것은 말할 수 없는 기쁨이다.

나병 환자, 말라리아, 이질

나병 환자도 나의 일을 바쁘게 한다. 라틴어로 레프라라고 하는 나병은, 1871년에 노르웨이의 의사 한센이 발견한 결핵균과 흡사한 균에 의해 일어난다. 이곳에서는 나병 환자의 격리란 생각할 수 없다. 내 병원의 환자 중에는 대개 네다섯 명의 나병 환자가 있다.

가장 특이한 점은, 레프라가 환자에게서 다른 사람에게 전염된다고밖에 생각할 수 없는데도 이 전염 경로를 명백히 한다든가 실험적으로 실현시키는 데는 아직 아무도 성공하지 못했다는 점이다. 레프라 치료에 사용할 수 있는 유일한 약품은 소위 대풍자유(올레움 기노카르디아제)로서, 인디아에 있는 어떤 나무의 씨에서 얻을 수 있다. 이것은 값이 아주 비싼 데다 판매되고 있는 것은 유감스럽게도 대개가 가짜다. 나는 프랑스계 스위스인 퇴직 선교사 델로르 씨를 통해 입수하고 있다. 그는 뉴 칼레도니아에서 일할 때 많은 레프라 환자를 다루었으므로 확실하고 직접적인 구입처가 있었다. 나는 또 그의 지시에 따라 이 맛이 좋지 않은 약품을 참기름과 땅콩기름 혼합물에 섞어서 마시기 좋게 하여 환자에게 주고 있다. 요즈음에는 대풍자유 피하주사도 권장된다.

이 방법으로 오래 지속되는 나병 병세의 진전을 막을 수 있으며, 이것이 때때로 실제적인 완쾌와 거의 같은 것이 된다. 레프라균에서 얻은 나스틴이라는 물질로 이 병을 치료하려는 실험이 최근 몇 년 동안 행해지고 있는데, 이것은 언젠가는 그 방법으로 치료하는 데 성공하리라는 희망을 갖게 한다.

모든 열대 지방 의사들과 마찬가지로 유감스럽게도 나도 소택열, 즉 열대 말라리아 때문에 매우 분주하다. 토인들은 그들 누구나 때때로 오한이 따르는 열병을 앓는 것을 지극히 당연한 것으로 알고 있다. 그 때문에 골탕을 먹는 것은 아이들이다. 주지하는 바와 같이 이 열병으로 인해 붓고, 굳고 또 아프게 되는 비장은, 어린이의 경우 때때로 왼쪽 늑골 밑에서 딱딱한 돌같이 된다. 이것이 복부에 돌출해 거의 배꼽에까지 이르는 경우가 허다하다. 이러한 아이를 진찰하려고 진찰대에 눕히면 그들은 본능적으로 비장 근처를 손과 팔로 덮어 감춘다. 잘못하여 내가 아픈 곳을 건드리지 않을까 걱정인 것이다.

말라리아에 걸린 흑인은 두통에 시달리고 피곤해 어떠한 일도 해내기가 어려워진다. 누구나 알다시피 지속성 말라리아에는 언제나 빈혈이 따른다. 치료약으로는 비소와 키니네가 좋다. 우리 집에서는 요리사와 세탁부와 급사에게도 일주일에 두 번씩 키니네를 반 그램 먹게 한다. 아르레날이라고 불리는 일종의 비소제는 키니네의 효력을 현저히 높여주는 성질을 가지고 있다. 나는 이것을 백인에게나 흑인에게나 피하주사로 많이 사용한다.

아프리카의 질병 중에서 열대성 이질도 잊어서는 안 된다. 이것은 특별한 종류의 아메바, 즉 단세포로 되어 있는 생물에 의해서도 일어난다. 이 아메바는 대장 속에 살면서 장벽을 해친다. 그 아픔이란 지독하다. 낮이고 밤이고 환자는 잇달아 변을 보고 싶어 하지만 피밖에 나오지 않는다. 이곳에 아주 많은 이 이질의 치료법도 옛날에는 많은 시간이 걸리고 효과도 적었다. 유일한 약이었던 토근 분말은 먹으면 구토증을 일으키므로 충분한 효력을 발휘할 만큼의 양을 줄 수가 없었다. 요 몇 년 전부터 토근 뿌리에서 뽑아낸 유효 성분 염산 에메틴(에메티늄 하이드로 클로리쿰)이 쓰이게 되었다. 그것의 1퍼센트 용액을 며칠간 계속, 하루 6 내지

8제곱센티미터 피하에 주사하면 곧 차도가 생겨 보통은 거의 완전히 치유된다. 이 효과는 기적에 가깝다. 이때 음식 조절을 할 필요는 없다. 환자가 흑인이라면 하마 고기, 백인이라면 감자 샐러드, 이렇게 무엇이든 좋아하는 것을 먹어도 좋다. 만약 한 의사가 열대 지방에서 아르젠 벤졸과 에메틴이라는 두 가지 약으로 가능한 치료밖에 할 수 없다 하더라도 그것만으로도 그가 온 보람이 있을 것이다!

열대 지방 의사가 하는 일의 큰 부분은, 유럽인들이 이곳에 가져온 추하고도 가장 더러운 병의 치료라는 사실을, 여기에서는 다만 시사만 해둘 수밖에 없다. 그러나 이 시사 뒤에 참으로 많은 비참함이 깃들여 있다!

탈장 수술

원시림에서는 수술은 물론 지체할 수 없는 경우로서, 확실히 좋은 결과를 얻을 가망이 있을 때에만 한다. 내가 가장 많이 처치해야 하는 것은 탈장(헤르니아)이다. 중앙 아프리카의 흑인은 백인보다도 훨씬 많이 탈장에 걸린다. 그 이유는 알 수가 없다. 따라서 감돈 탈장(감돈 헤르니아)도 흑인이 백인의 경우보다 훨씬 많다. 이때 장은 불통이 된다. 그러므로 장은 배변을 할 수 없어서 발생하는 가스 때문에 부풀어오른다. 이 팽만으로 지독한 아픔이

진료소 내부의 모습.

일어난다. 장을 탈장부에서 배 속으로 되돌릴 수가 없으면 고통에 떠는 며칠이 지난 후에 환자는 죽는다. 우리들 조상의 시대에 사람들은 이 무서운 죽음을 알고 있었다.

오늘날 이제 유럽에서 이것을 볼 수 없는 것은 의사가 감돈 헤르니아를 확인하자마자, 즉시 수술을 하기 때문이다. "감돈 헤르니아를 처치하기 전에 해가 지면 안 된다"는 말을 의학도들은 끊임없이 배운다.

그러나 아프리카에서는 이 무서운 죽음이 거의 보통이다. 흑인은 어릴 적에 이미 누가 며칠간이나 울부짖으며, 죽음이 구세주로서 나타날 때까지 집 안의 모래 속에서 뒹구는 것을 보아왔다. 그러므로 남자들은(여자의 헤르니아는 남자의 경우보다 훨씬 드물다) 자기의 탈장이 감돈을 일으켰다는 것을 느끼면 즉시 카누에 태워서 나에게로 싣고 가도록 가족들에게 간청한다.

이러한 불쌍한 남자가 운반되어 왔을 때의 나의 심정을 어떻게 글로 표현할까! 나는 이 몇백 킬로미터에 걸친 지방에서 그를 살려줄 수 있는 유일한 사람인 것이다. 내버려두면 괴로워하다가 죽어야 할 이 환자는 내가 이곳에 있고, 또 나의 친구들이 나에게 자금을 주므로, 누구나를 막론하고 구제되어야 한다. 나는 그의 생명을 구해줄 수 있다고는 말하지 않는다. 우리들은 모두 죽지 않으면 안 된다. 그러나 내가 그에게서 고뇌의 나날을 제거해주어도 좋다는 것, 이것이야말로 언제나 새로이 나에게 주어진 커다란 은총이라 여긴다. 고통은 죽음보다도 무서운 지배자다.

그래서 나는 이 신음하는 사람의 이마에 손을 얹고 그에게 말한다.

"진정하게. 한 시간 후에는 잠이 들 것이네. 그리고 다시 눈을 떴을 때에는 아픔이 가신다네."

그리고 나서 그는 판토폰 피하주사를 맞는다. 나의 아내가 병원으로 불려와서 요제프와 함께 수술을 할 만반의 준비를 한다. 수술할 때는 마취도 담당한다. 요제프는 긴 고무장갑을 끼고 조수로 일한다.

수술이 끝났다. 어둑어둑한 숙박용 바라크에서 나는 환자가 깨어나기를 지켜보고 있다. 환자는 정신이 들자 놀라워하며 주위를 돌아보고 몇 번이고 되풀이한다.

"이젠 조금도 아프지 않아. 정말 조금도!"

그는 나의 손을 잡고서 다시는 눕지 않으려고 한다. 그래서 나는 그와 그곳에 있는 사람들에게 이야기를 시작한다. 의사와 그 아내에게 이 오고우에 강 유역으로 가라고 명하신 분은 주 예수라는 것, 유럽의 백인들이 우리에게 이곳에서 병자를 위해 살아갈 자금을 주었다는 것을.

이번에는 내가 그 백인들은 누구인가, 어디에 살고 있는가, 토인들이 이렇게 많은 병에 시달리고 있다는 것을 어디에서 알았는가라는 여러 질문에 대답하지 않으면 안 된다. 커피 관목 사이를 뚫고 아프리카의 태양이 어둑어둑한 집 안으로 비추어 들어온다. 그러나 우리들, 백인과 흑인은 나란히 앉아서, "그러나 너희들은 모두 형제다"라는 것을 체험한다.

  아! 이럴 때에 유럽의 기부자들이 여기에 있을 수 있다면 얼마나 좋을까!

6
원시림의 벌목자와 뗏목꾼
– 카프 로페스, 1914년 7월 25일~29일

벌목할 장소의 탐색

나에게 농양이 생겼다. 절제하려면 아무래도 군의관 도움이 필요할 것 같아 오늘 갑자기 해안의 카프 로페스로 내려왔다. 다행히도 우리들이 도착하자, 농양이 저절로 벌어졌으므로 앞으로 다른 병발증이 생길 염려가 없어졌다. 아내와 나는 푸리에라는 영업소 직원의 집에서 따뜻한 영접을 받았다. 푸리에 씨의 부인은 이번 여름에 두 달가량 분만을 위해 랑바레네의 우리 집에 와 있었다. 푸리에 씨는 프랑스 철학자 푸리에 씨의 손자다. 나는 대학에 다닐 때 그의 사회학 강의를 수강한 적이 있다. 그런데 그의 증손이 원시림 속 나의 집에서 태어나는 것이다.

나는 아직도 움직일 수가 없다. 그래서 하루 종일 베란다의 안락의자에 누워 아내와 함께 바다를 바라보며 신선한 바다 공기를 즐겁게 들이마시고 있다. 공기가 조금이라도 움직인다는 사실만

슈바이처와 함께 산책하는 펠리컨. 이 펠리컨은 낮에는
강이나 늪지대로 날아갔다가 밤에는 꼭 슈바이처에게 돌아오곤 했다.

으로도 우리에게는 기쁨이 된다. 랑바레네에는 토르나도라는 짧은 뇌우 외에는 바람 한 점 없다.

나는 이 틈을 이용해 오고우에 강 유역의 벌목자와 뗏목꾼의 생활을 조금 이야기해볼까 한다.

서아프리카와 적도 아프리카의 거대한 삼림은 30년쯤 전에 겨우 벌채가 시작되었다. 벌채하는 일은 보기보다 쉽지가 않다. 훌륭한 목재가 이곳에는 얼마든지 있다. 그러나 그걸 어떻게 벌목하고 어떻게 운반할 수 있겠는가?

대체로 오고우에 강 유역에서는 당장에 가치가 있는 것은 물가에 서 있는 수목뿐이다. 아무리 훌륭한 수목이라도 강이나 호수에서 1킬로미터만 떨어져 있으면, 틀림없이 도끼를 면할 수 있다. 운반할 수 없다면 벌목할 필요가 없지 않은가?

목재를 물가까지 운반할 철도를 왜 부설하지 않는가? 이렇게 질문을 하는 이는 적도 아프리카의 원시림이 어떠한 것인가를 모르는 사람이다. 원시림의 지면은 거대한 뿌리와 늪지로 되어 있다. 철도를 위해 겨우 200미터의 길을 여는 일은, 즉 수목을 베어내고, 뿌리를 제거하고, 늪지를 메우는 일은 가장 좋은 목재 100톤을 카프 로페스까지 운반하는 비용보다 더 많은 돈이 든다. 그러므로 이곳에서는 별로 많은 비용을 들이지 않고 철도를 부설할 수 있는 곳은 특별히 혜택받은 지대에 한한다. 원시림 속에서는 인간이 자연에 비해 얼마나 무력한가를 배울 수 있다.

그러므로 대개는 원시적인 방법으로 일을 한다. 원시적인 사람만을 얻을 수 있으므로 원시적인 방법으로 일을 할 필요가 있다. ……그러나 이러한 사람의 수도 결코 충분히 얻을 수가 없다. 베트남인과 중국인을 이주시키자는 이야기도 있었으나 이 시도는 가망이 없다. 아프리카의 원시림 속에서는 외국인은 무더위와 야영 생활을 견디어낼 수가 없고, 이곳의 산물을 먹으면서 생활해나갈 수가 없으므로 일을 할 수 없는 것이다.

첫째로 필요한 것은 적당한 장소를 발견하는 것이다. 원시림 속에는 여러 가지 종류의 수목이 뒤섞여 있다. 필요한 종류의 나무가 물가에 많이 모여 있는 곳만이 벌채할 가치가 있다. 토인들은 그러한 장소를 알고 있다. 대개는 숲의 내부 깊숙이 있지만, 홍수로 인해 수위가 높을 때는 좁은 수로나, 그때만 호수가 되는 늪지 등에 의해 강과 연락이 된다. 토인은 그러한 장소를 감추고 자기들의 지방에 와서 그것을 찾는 백인을 속이려고 한다.

어느 유럽인이 들려준 이야긴데, 어떤 부락의 사람들은 2개월 이상이나 그에게서 담배, 브랜디, 옷감 등 많은 선물을 받고서 그 대신 매일같이 그와 함께 좋은 장소를 찾아 헤맸으나, 참으로 좋은 수확물이 있을 듯한 장소는 하나도 발견되지 않았다고 한다. 마지막에 그는 우연히 들은 토인끼리의 이야기에서 그들이 일부러 좋은 장소에 그를 인도하지 않는다는 것을 알았다. 그래서 그와 그들 간의 거래도 끝났다고 했다.

물가 바로 가까이에 있는 수목은 대부분이 이미 벌채되고 없다. 숲의 약 절반은 유럽 여러 회사의 벌목 특허권 내에 들어 있다.

나머지는 개방되어 있다. 따라서 백인이든 흑인이든 자기가 원하는 곳에서 벌목해도 좋다. 특허권이 있는 숲에서도 회사는 흑인에게, 마치 개방되어 있는 숲에서처럼 마음대로 벌목하는 것을 허용하는 경우가 많다. 단 목재를 다른 회사가 아닌 그 회사에 매도한다는 조건이 붙어 있다.

　이곳에서는 숲을 소유하는 것보다 벌목된 목재를 입수하는 것이 중요하다. 흑인 자신이 벌목해서 파는 목재는 유럽인이 고용한 노동자에 의해서 벌목되는 목재보다도 헐값이다. 그러나 흑인 공급은 극히 불확실하므로 영업상 그것을 기대할 수는 없다. 때마침 목재 수요가 최대일 때 흑인들이 축제를 한다든가 고기잡이를 간다든가 할지도 모른다. 그러므로 모든 회사는 토인에게서 목재를 사는 것과 동시에 고용한 노동자들로 벌목을 하고 있다.

벌목장에서의 생활

　적당한 벌목 장소가 발견되면, 벌목을 위해 모인 남자들 한 부락 아니면 고용한 노동자를 거느린 백인이 와서 우선 야영을 위한 오두막을 짓는다. 가장 큰 곤란은 식량이다. 몇 주일간, 몇 개월간 60명 내지 100명분 식량을 밀림 속에서 어떻게 감당할 것인가? 가장 가까운 부락이나 재배장도 최소한 40킬로미터는 떨어져 있고, 수렁과 늪지가 있는 험난한 길을 지나야만 한다. 그런데 상용 식인 바나나와 마니호트는 양을 너무 차지하기 때문에 운반하기가 어렵다. 더구나 두 가지 다 며칠밖에 견디지 못하는 식량이다. 참으로 적도 아프리카의 큰 불행은 오래 저장할 수 있는 음식물을 산출하지 못한다는 데 있다. 물론 자연은 1년 내내 바나나와 마니호트를, 때에 따라 많이 혹은 적게 산출한다. 그러나 바나나는 따서 6일이면, 마니호트는 만들어서 10일이면 썩는다.

마니호트 뿌리는 그대로는 먹을 수 없다. 시안산을 함유한 독성이 있기 때문이다. 독을 제거하기 위해 뿌리를 며칠 동안 흐르는 물에 담가둔다. 아프리카 탐험가 스탠리는 너무 서두르는 바람에 충분히 물에 담그지 않은 마니호트를 먹은 운반 인부 300명을 잃은 적이 있다. 뿌리를 충분히 물에 담근 다음에 그것을 갈아 으깨서 한 번 발효시킨다. 그러면 일종의 끈적끈적한 검은 반죽이 된다. 이것을 가느다란 막대기 모양으로 만들어 나뭇잎에 싸서 저장한다. 이 마니호트 대를 유럽인은 도저히 먹어내지 못한다. 우리들이 수프로 끓여 먹는 사고야자는 마니호트에서 만들어낸 것이다.

자기 나라에서 생산하는 식량을 규칙적으로 보급하기가 이렇게 어려우므로, 흑인 목재상은 쌀과 유럽제 통조림으로 생활할 결심을 하지 않으면 안 된다! 통조림 중에서 주로 사용되는 것은 아프리카 내륙 오지로 유출되는 값싼 정어리 통조림이다. 이것은 언제나 상점에 대량으로 저장되어 있다. 그러나 다양한 식욕을 충족시키고자 바닷가재, 아스파라거스, 캘리포니아 산 과실 등의 통조림도 산다! 부유한 유럽인들도 사치스럽다고 단념하는 비싼 통조림을 부득이 벌목꾼이 되었을 때 흑인은 먹는다.

그렇다면 사냥을 하면 어떤가? 진짜 원시림 속에서는 사냥을 할 수 없다. 물론 들짐승은 있다. 그러나 깊은 덤불 속에서 사냥꾼이 어떻게 짐승을 발견하고 또 추적할 것인가? 숲이 없는 늪지나 초원이 원시림과 뒤섞여 있는 곳에서만 사냥을 할 수 있다. 그러나 그러한 곳에는 대개 벌목할 만한 수목이 없다. 아주 모순된 이야기지만 적도 아프리카는 들짐승도 많고 원시림 식물도 무성한데 이곳처럼 굶어 죽기 쉬운 곳은 없다.

벌목꾼들이 낮에는 체체파리, 밤에는 모기를 견디어내기란 이루 다 말로 표현할 수 없을 정도로 힘겹다. 거기에다 또 며칠 동안 계속 허리까지 늪에 잠겨 있어야 할 때도 많다. 그래서 벌목꾼들은 곧잘 열병과 류머티즘에 걸린다.

수목은 통이 굵기 때문에 베어 넘기기가 여간 힘들지 않다. 그런 데다 또 이 원시림의 거목은 둥글고 미끈하게 자라 있는 것이 아니고 원형으로 얽혀 나무줄기에서 본 뿌리에 이르는 거대하고 모가 있는 뿌리가 땅에 연결되어 있다. 자연은 마치 최고의 건축가에게서 배운 것처럼 이 거대한 수목들에게 큰 태풍을 막아내는 단 하나의 유용한 방비를 준다.

대개의 경우는 나무를 지면 근처에서 베어내려고는 생각도 말아야 한다. 도끼질은 머리 높이쯤에서 겨우 할 수 있든가, 혹은 발판을 짠 다음에 그 위에서 일을 하지 않으면 안 된다.

몇 사람이 며칠간을 일한 후에야 도끼질이 끝난다. 그래도 나

원시림 속에는 거대하게 얽힌 나무 뿌리가
열대 지방의 덩굴 식물에 덮여 강 속에까지 내려 잠겨 있다.

무가 쓰러지지 않는 경우가 많다. 굵직한 덩굴 식물로 주위 나무들에 연결되어 있어서 덩굴을 잘라내면 비로소 나무는 자기 무게 때문에 쓰러진다.

나무줄기가 쓰러지면 분할 작업이 시작된다. 톱과 도끼로 4~5미터 길이로 토막을 낸다. 직경이 60센티미터밖에 안 되는 데까지 자르면 그만둔다. 나머지는 버려진 채 썩는다. 너무 굵은 것도 운반하기가 무거우므로 내버린다. 목재상은 직경 60~100센티미터 사이의 것만을 원한다.

나무를 쓰러뜨려 분할하는 작업은 통례적으로 건계, 즉 6월에서 10월 사이에 한다. 다음에는 무게가 4톤에 이르는 굵은 토막을 가까이 있는 늪지까지 굴려가기 위한 길을 닦는다. 남아 있는 뿌리 부분, 그리고 땅 위에 퍼져 있는 수관(樹冠)과의 투쟁이 시작된다. 나무가 쓰러질 때 부러진 커다란 가지가 1미터나 깊이 땅 속에 박혀 있는 일도 종종 있다! 겨우 어떻게 길이 열린다. 진흙 구간은 나무로 메운다. 이리하여 드디어 토막을 차례차례 이 길 위로 굴려서 간다. 토막 하나에 서른 사람이 붙어서 연발 박자를 맞추어 소리를 지르며 밀면서 서서히 조금씩 회전시킨다. 토막이 너무 크면 또 웬만큼 둥글지 않으면 사람의 힘만으로는 돌리지 못한다. 이때 밑에 나무 토막을 받쳐서 돌려야 한다. 언덕을 넘어야 할 때도 있다. 수렁에 넣은 나무가 가라앉기도 한다! 경우에 따라서는 30명이 붙어서 오후 내내 단 하나의 토막을 80미터밖에 운반하지 못하는 수도 있다.

그런데 시일은 촉박하다! 11월 말에서 12월 초순의 홍수 때에 맞추어 모든 목재를 늪까지 운반해야 한다. 늪의 물은 이 기간에만 강과 연결된다. 이렇게 연결이 되지 못한 목재는 숲에 남아서 목재 해충, 특히 일종의 나무좀(보스트리키다)에 뜯겨 팔 수가 없게 된다. 기껏해야 봄철의 홍수 때 혹시 구제될지 모른다. 그러나 그 홍수가 모든 늪을 강가에 연결시킬 만큼 수위가 높지 않을 때가 많다. 다음 가을 홍수 때까지 1년 동안 내버려두면 목재는 십중팔구 못쓰게 된다.

그러나 때로는, 10년에 한 번쯤 가을 홍수 때에도 필요한 수위에 이르지 못하는 수가 있다. 그렇게 되면 많은 벌목장에서의 일이 전부 헛수고가 된다. 작년 가을이 그랬다. 그 때문에 중소 목재상들이 파산 지경에 이르렀다는 소문이다. 부락 전체의 일꾼들이 몇 개월 동안 일을 하고도 쌀과 통조림을 사느라고 얻은 빚을 갚지 못하는 부락이 많다.

드디어 목재가 덩굴에 묶여 물가의 관목에 연결되어 물 위에 뜬다. 그러면 백인 목재상이 와서 여러 부락의 흑인이 제공하는 목재를 산다. 목재를 살 때는 주의를 해야 한다. 과연 찾고 있는 종류의 목재인가, 혹은 흑인이 비슷한 연륜과 비슷한 섬유를 가진 수목으로 강가에 서 있던 것을 몰래 베어다 섞어두지는 않았는가? 모두 다 새로 베어낸 것인가, 혹은 작년 또는 재작년의 낡은 것을 새것처럼 보이기 위해 가장자리만을 다시 베어낸 것을 섞어두지는 않았는가? 흑인이 목재 거래 때에 남을 속이기 위해 보이는 재간은 믿을 수 없을 만큼 무궁무진하다. 신출내기 상인의 재난이여!

한 젊은 영국 상인이 리브르빌 만 후미에서 흑단을 사들였다. 굉장히 무거운 이 목재는 짧은 토막으로 거래된다. 이 영국 사람은 만족해 최고급 흑단을 대량 입수했다는 보고를 본국에 보냈다. 그러나 최초의 품목이 영국에 도착하자 그가 흑단으로 알고 사들려 보낸 것이 터무니없는 가짜라는 전보가 날아들었다. 비싼 값으로 사들인 것이 쓸모없는 것이었으며 그 손해는 자신이 부담하지 않으면 안 되었다.

흑인은 그에게 어떤 딱딱한 목재를 몇 개월 동안 검은 늪에 담가두었다가 부드럽게 한 후에 팔아먹었던 것이다. 그 목재가 검은 빛을 흡수해 자른 자리와 표면층이 그럴싸하게 최고급 흑단처럼 보였던 것이다. 그러나 내부는 불그스름했다. 경험이 없는 이 백인 상인은 시험 삼아 두서너 개 절단해보기를 등한시한 것이다.

백인 목재상은 목재의 길이를 재보고 사들이는데, 이것은 만만치 않은 노동이다. 물 속에서 빙글빙글 도는 토막 위를 뛰어다녀야 하기 때문이다. 우선 그는 값의 반액을 치른 후 나머지는 그의 상회의 각인이 찍힌 목재가 무사히 바다까지 도착했을 때에 치른다. 또 흑인이 같은 목재를 네 번, 다섯 번이나 팔아서 그때마다 착수금을 받고선 곧잘 원시림 속 어딘가로 사라져버리는 경우도 많다. 결국 그 거래가 잊히든가 백인이 사기꾼을 좇는 데 시간과 돈을 쓰기에 지칠 때까지. 찾아낸다 하더라도 그때는 벌써 돈을 담배나 다른 물건으로 바꾸어버린 후이므로, 결국 손해 본 것은 되찾을 수가 없다.

오고우에 강을 내려가는 뗏목

다음에는 뗏목을 만들기 시작한다. 뗏목을 만드는 데에는 밧줄도 철사도 필요 없다. 원시림에 있는 나긋나긋한 덩굴이 훨씬 좋고 값싸다. 숲에는 손가락 굵기에서 팔뚝만큼 굵은 것까지 있다. 길이 4, 5미터의 토막 60개 내지 100개를 가로 두 줄로 놓고서 차례로 묶어나간다. 그러니까 뗏목은 넓이가 8~10미터, 길이가 40미터쯤 된다. 때때로 이 중량이 200톤에 이른다. 일정한 간격을 두고 위에서 묶어서 붙인 길다란 목재가 뗏목에 필요한 안정감을 준다.

그리고 대와 라피아 잎으로 뗏목 위에 오두막을 세운다. 목재가 단단히 결합되어 있는 곳에 점토를 쌓아서 취사용 난로를 만든다. 앞과 뒤에는 단단한 갈래에 커다란 키를 매달아서 어느 정도 뗏목을 조종할 수 있도록 한다. 키 하나를 최소한 여섯 명의 인원이 다룬다. 그러므로 이러한 뗏목 하나의 승무원은 15명에서 20명이 된다. 그리고 바나나와 마니호트 대를 살 수 있을 만큼 사들인다. 그러면 뗏목은 흘러 내려가기 시작한다.

될 수 있는 대로 모래펄(사주)을 피하려면 항상 위치가 바뀌는 모래펄 위치를 승무원이 정확하게 알고 있어야 한다. 모래펄은 갈

"원하든 원하지 않든 간에 우리들은 이곳에서는 모두 자연이 일체의 것이고, 인간은 무(無)에 지나지 않는다는, 매일 되풀이되는 체험 아래 서 있다."

색 물로 살짝 덮여 있으므로 멀리서는 분간하기 어렵다. 만약 모래펄에 뗏목이 얹혀버렸을 때 다시 물에 띄우려면 모래 속으로 파고들어간 토막을 일단 차례로 푼 다음 다시 묶는 수밖에 없다. 때로는 전부를 풀어서 다시 만들어 맬 수밖에 도리가 없는 경우도 있다. 그렇게 한다면 사정에 따라서는 일주일이나 걸리고, 거기에다 또 작업 중에 유실해서 몇몇 목재를 잃는 손실도 발생한다.

더구나 시간도 귀중하다. 대개가 식량이 풍족치 못하고, 오고우에 강을 내려갈수록 식량을 새로 보급하기가 어려워지기 때문이다. 오고우에 강 하류 부락의 사람들은 설령 식량을 약간 줄 수 있다 하더라도 굶주린 뗏목꾼들에게 보잘것없는 바나나 몇 개에 1프랑 내지 1프랑 반을 요구한다.

뗏목을 타고 내려가는 도중에, 흑인들이 뗏목 가운데 좋은 목재를 다른 토인에게 팔고서 대신 꼭 같은 길이의 나쁜 목재를 넣고, 상회의 도장을 감쪽같이 속여 새겨두는 일도 드물지 않다. 숲 속에 버려진 그러한 나쁜 목재는 지난해 홍수 때부터 모래펄 위나 후미에 얼마든지 뒹굴고 있다. 어떠한 길이의 토막이라도 다 갖추고 있는 부락이 있다는 소문도 있다. 뗏목에서 풀어낸 좋은 목재는 나중에 알아볼 수 없도록 손질되어 다시 백인에게 팔려간다.

또 다른 이유로도 백인은 지금 흘러내려오는 자기의 뗏목을 염려하지 않을 수 없다. 일정한 기일 후에는 뗏목의 목재를 실을 기선이 카프 로페스에 입항하게 되어 있다. 그때까지는 뗏목꾼들이 충분히 도착할 수 있을 것이다. 제때에 도착했을 경우에는 좋은 선물도 약속되어 있다.

그러나 강변의 어느 부락에서 탐탐을 치는 소리가 들리면 뗏목꾼들은 곧잘 뗏목을 물가에 매두고 축제에 참가하고 싶은 유혹에 빠진다……. 이틀, 사흘, 나흘, 닷새, 엿새 동안이나. 그동안 기선은 카프 로페스에서 기다리고 있다. 백인은 그 기다린 날짜에 대한 배상금을 지불해야 한다. 이것이 수지 맞는 거래를 손해 보게 만드는 일이다!

랑바레네에서 카프 로페스까지 250킬로미터 내려가는 데 보통 약 이주가 걸린다. 처음에는 빨리 흘러내리지만 마지막 무렵에는 늦어진다. 강구에서 80킬로미터 상류에서 바다의 썰물과 밀물이 강에 영향을 미치기 시작하기 때문이다.

그 근처에서 뗏목에 매둔 카누에 물을 채운다. 하류의 강물은 마실 수가 없고 샘도 없기 때문이다. 썰물일 때에만 나아갈 수 있다. 밀물이 들기 시작하면 상류로 밀려가지 않도록 팔만큼 굵은 덩굴로 강둑에 뗏목을 매둔다.

바다에서의 싸움

이번에는 카프 로페스 만의 바로 남쪽 모퉁이로 흘러 들어가는 길이 30킬로미터의 좁고 꼬불꼬불한 지류로 뗏목을 몰아야 한다. 카프 로페스 만의 중앙으로 흘러 들어가는 다른 지류로 해서 바다에 들어가면 그 뗏목은 잃게 마련이다. 막혔던 강물이 썰물을 타고 흘러오면서 강한 물살이 시속 8킬로미터로 뗏목을 바다로 앗아가버리기 때문이다. 최남단 지류에서 바다로 나가면 해안을 따라 줄을 이루고 있는 잔잔한 수면으로 들어가므로 긴 삿대로 조정하며, 해안을 따라 카프 로페스까지 몰고 갈 수 있다. 그러나 단지 몇 미터라도 해안에서 떨어져 삿대가 해저에 닿지 않게 되면 뗏목을 부릴 수가 없어 바다로 밀려나간다.

이 15킬로미터 사이에서 뗏목꾼과 자연의 무서운 싸움이 전개된다. 바다로 바람이 불기 시작하면 어떻게 해볼 도리가 없을 때가 많다. 카프 로페스 쪽에서 뗏목의 고투를 알고, 보트로 사슬이 달린 닻을 보내려고 애써본다. 목재를 산산히 흩어버릴 만큼 물결이 세지 않을 때에는 그것으로 뗏목을 구할 수가 있다.

최악의 경우 목숨을 건지고 싶다면 뗏목꾼은 빨리 매어둔 카누를 타고 뗏목을 떠날 수밖에 없다. 카누가 후미 입구까지 가버리면 썰물과 바다 속까지 계속되는 강물을 거슬러 카프 로페스에 절대로 돌아올 수 없다. 강에서 사용하는 납작하고 용골이 없는 배는 물결에는 전연 대항할 수 없는 것이다.

때때로 이렇게 뗏목을 잃어버린다. 뗏목꾼이 바다에서 실종된 적도 있다. 나의 백인 환자 한 사람이 그러한 불운한 뗏목에 탔던 적이 있다. 그 뗏목은 밤에 갑자기 일어난 미풍 때문에 바다로 밀려나갔다. 물결이 높아서 카누를 타고 살아날 생각도 할 수 없었다. 바다의 거센 물결이 뗏목을 풀어헤치기 시작했을 때 작은 증

151

기선 한 척이 구제하러 왔다. 절망한 사람들이 떠내려가며 흔들고 있던 램프를 해안에서 누가 발견해 우연히 출항 준비가 되어 있던 작은 증기선에게 움직이는 불빛을 쫓게 한 것이었다.

무사히 카프 로페스에 도착하면 뗏목은 해체되고 목재는 소위 테두리 속으로 들어간다. 항구 내의 물결에서 보호된 여기저기에, 토막을 두 줄로 하여 이중의 사슬처럼 연결시킨다. 그 방법은 위가 고리로 되어 있는 철쐐기를 목재에 박아넣고, 이 고리를 따라 튼튼한 철사 로프를 끼우는 것이다. 이 목재의 이중 사슬은 그 안의 물을 바다에서 차단시킨다. 이 테두리 속의 빈 틈에 목재가 빽빽히 들어간다. 게다가 또 이들 목재도 박아 넣은 쇠고리에 끼운 철사 로프로 서로 묶는다.

두세 시간마다 감시인이 테두리가 아직 느슨해지지 않았는가, 박아 넣은 고리는 아직도 단단한가, 고리 속에서 노상 마찰되고 구부러지기 때문에 철사 로프가 약해지지는 않았는가를 살핀다.

이러한 모든 주의가 때때로 헛되이 되는 수가 있다. 테두리의 철사 로프 하나가 밤중에 모르는 사이에 끊어져서 주인이 아침에 왔을 때에는 테두리 속의 목재가 다시 돌아오지 않는 바다로 산책을 가버리고 없는 일이 일어난다. 어느 영국 상회는 몇 개월 전에 이렇게 하룻밤 사이에 4만 프랑에 이르는 목재를 잃어버렸다. 태풍이라도 닥치면 손을 쓸 수가 없다. 테두리 속의 굵은 목재가 명랑한 돌고래처럼 뛰어올라 우아한 동작으로 테두리를 뛰어넘는 것이다.

그를 찾아온 사람들과 대화하는 슈바이처.

목재광

그러므로 목재가 카프 로페스 만에 있는 동안은 언제나 위험하며, 목재를 싣게 될 때를 학수고대하게 된다. 배가 도착하자, 뭍으로 향한 뱃전으로 소증기선이 뗏목을 차례차례 끌고 간다. 싣기로 정해진 뗏목은 목재 양끝에 박아 넣은 고리에 철사 로프가 끼워져 있다. 흑인 몇 사람이 흔들리는 뗏목 위를 춤추듯 뛰어다니며 다음에 싣게 될 목재에서 고리를 뽑아내어, 목재를 뗏목에서 풀어낸다. 그리고 나서 목재에 사슬을 감아, 배로 끌어올릴 수 있도록 한다. 이 일은 상당한 숙련을 요한다. 물 속에서 빙글빙글 돌고 있는, 젖어서 미끈미끈한 토막에서 노동자가 미끄러지면, 항상 서로 부딪치고 있는 2, 3톤 무게의 목재 사이에 끼여 다리가 으깨지고 말 것이다.

나는 지금 베란다에서 망원경으로 흑인 몇 사람이 상쾌한 미풍 때문에 아주 곤란해진 이 일을 하고 있는 것을 바라보고 있다. 태풍이라든가 그렇지 않더라도 조금 억센 바람이라도 불면 배를 따라 즐비하게 떠 있는 뗏목은 중대한 위험에 빠질 것이다.

이와 같이 나무가 벌목되는 곳에서부터 유럽으로 가는 배에 목재 싣기가 끝날 때까지 목재 손실이 상당하다. 벌목된 목재 다수가 어떠한 사고로 없어진다. 오고우에 강구 부근에 있는 여러 갯벌은 글자 그대로 목재의 무덤이다. 바다가 이곳에 묻어버린 무수한 거대한 줄기가 진흙 속에 쭈뼛 솟아 있다. 이것들은 주로 적절한 시기에 숲에서 강으로 운반되지 못했던 것으로 채벌된 곳에서 썩어가던 것이 언젠가 특별히 심한 홍수가 있어서 강으로 흘러오게 된 것이다. 이리하여 후미에서 바람과 물결에 밀려서 갯벌에 박혀 다시는 움직이지 못하게 된 것이다. 지금 망원경으로 세어보니 후미에 떠돌고 있는 목재가 40개가량 된다. 썰물과 밀물에 내밀리지만 언젠가는 바다나 갯벌에서 자기의 무덤을 찾아낼 것이다. 그러나 가봉 지방의 원시림에는 목재가 풍부하므로 이 정도 손실은 문제가 되지 않는다.

뗏목 인계가 무사히 끝나면 그것을 여기까지 타고 온 뗏목꾼들은 카누나 증기선을 타고 재빨리 다시 상류로 돌아간다. 카프 로페스에서 굶주림에 시달리고 싶지 않기 때문이다. 이 항구의 신선한 식량은 모두 내륙 지방에서 100킬로미터 이상이나 강을 내려가서 운반된다. 해안 지방과 강구 지방의 늪지에는 식용식물이 하나도 자라나지 않기 때문이다.

상류로 돌아간 뗏목꾼들은 목재상에게서 보수를 받으면, 어딘가의 상점에서 담배와 브랜디와 각종 잡화를 잔뜩 사들인다. 그들은 흑인의 관념에서 보면 부유한 자가 되어 부락으로 돌아간다. 기껏 몇 주일 후에는 그들의 전 재산은 사라져버린다. 또다시 그들은 다른 벌목장을 찾아 헤맨다. 또다시 심한 노동이 시작된다.

카프 로페스의 목재 수출은 항상 상승선을 달린다. 현재로는 연간 15만 톤에 이른다. 출하되는 것은 주로 토인이 옴베가라고 부르는 마호가니와 소위 가짜 마호가니인 오쿠메(아우쿠메아 클

레이네아나)이다.

오쿠메 목재는 마호가니보다도 연해서 주로 담배 상자 제조에 쓰이지만 가구 공업에도 이용되므로 장래성이 밝다. 가짜 마호가니라 불리는 여러 가지 목재 중에는 진짜 마호가니보다도 아름다운 것이 많다.

목재가 오랫동안 바닷물에 잠겨 있으면 배 좀조개(테레도 나발리스)가 구멍을 뚫는다. 배 좀조개는 벌레 모양을 한 일종의 조개로서 목재 줄기의 표면에서 곧장 중심부로 침입한다.

그러므로 배가 오기까지 목재가 바다에서 오랫동안 기다려야 할 때에는 육지로 올려둔다. 그럴 때에는 보통 도끼로 목재 모서리를 깎아서 각이 지게 만든다.

오고우에 강 유역에는 마호가니나 오쿠메 외에도 여러 가지로 귀중한 수목이 있다. 내가 이름을 들고 싶은 것으로는 놀랄 만큼 빨간 빛의 에크바셍고(바라목)와 산호 목재, 그리고 은고모의 제재소에서 톱니바퀴로 쓸 만큼 단단한 무쇠나무 등을 그 예로 들 수 있을 것이다. 이곳에는 또 대패질을 하면 하얀 공단처럼 보이는 물결 무늬 수목도 있다.

가장 아름다운 목재들은 아직 유럽에 알려져 있지 않아서 수요가 없기 때문에 수출되지 않는다. 그 목재들이 알려져서 주문을 받게 되면 오고우에 지방의 목재 거래는 오늘날보다 훨씬 중요하게 될 것이다. 은고모의 선교사 하우크 씨는 오고우에 지방 제일의 목재통으로 알려져 있다. 그는 모든 종류의 귀중한 컬렉션을 가지고 있다.

 이곳에서는 목재 거래에 전혀 관계가 없는 사람도 누구나 다 여러 가지 목재의 품질에 흥미를 갖는다. 처음에는 나도 전혀 이해를 하지 못했다. 그러나 시간이 지남에 따라 노상 목재상과 사귀는 동안에, 아내의 말에 의하면 나도 목재광이 되어버렸다.

7
원시림 속의 사회문제
– 강 위에서, 1914년 7월 30일~8월 2일

노동문제

나는 다시 일을 할 수 있게 되었다. 은졸레에 있는 어느 상사(商社) 소유의 소증기선 기사가 친절하게 우리들을 랑바레네까지 태워주었다. 배는 무거운 짐을 싣고 있어서 서서히 나아간다. 짐은 석유다. 이것은 18리터들이 네모 깡통에 채워져 미국에서 직접 오고우에 지방으로 온다. 토인이 석유를 많이 사용하기 시작한 것이다.

나는 이 긴 강여행 동안 원시림 속에서 직면한 사회문제를 한번 차근히 생각해보기로 했다. 유럽에서는 식민지 정책과 식민지의 문화사업에 대해 많이 논의하고 있지만 이 말들의 내용을 분명히는 모른다.

그러나 원시림 속에 참으로 사회문제가 있는 것일까? 분명히 있다. 이곳에서 두 백인의 담화를 단지 10분만 듣고 있으면 틀림

"고통은 죽음보다 더 무서운 지배자다."

없이 사회문제 중 가장 어려운 것, 즉 노동문제가 화제에 오른다. 유럽에서는 미개인 사이에서 아주 싼 임금으로, 바라는 대로 노동자를 얻을 수 있으리라 상상하기 쉽다. 사실은 정반대다. 미개민족 사이에서처럼 노동자를 얻기 힘든 곳은 없고 이곳만큼 일에 비해 비싼 임금을 지불하는 곳도 없다.

그 원인이 그들이 게으른 데 있다고들 말하지만 그 문제는 더 깊은 곳에 있지 않을까?

흑인 부락 사람들이 새 재배장을 만드느라 원시림 일부를 개간하는 것을 한 번이라도 본 사람은, 그들이 몇 주일 동안이라도 열심히 힘을 다해 일할 수 있다는 것을 잘 안다. 이 기회에 아울러 말하면 모든 노동 중에서 가장 고된 이 노동을 어느 부락이든 3년에 한 번은 해야 한다. 바나나가 열리는 높은 관목은 각별히 빨리 땅을 소모시킨다. 그러므로 3년마다 벌채해 태운 원시림의 재로 비옥해진 새 재배장을 만들지 않으면 안 된다.

언젠가 흑인 열다섯 명이 서른여섯 시간이나 거의 쉬지 않고 배를 저어 백인 중환자를 하류에서 나에게 데리고 온 후로 나는 감히 흑인이 게으르다고 말할 수가 없게 되었다.

그러니까 흑인은 사정에 따라서는 일을 참 잘한다. ……그러나 사정이 요구하는 정도만큼밖에 일하지 않는다. 수수께끼를 푸는 열쇠는, 자연아는 언제나 임시 노동자에 지나지 않는다는 것이다.

토인은 약간의 노동으로 부락 생활에 필요한 것을 자연에서 얻는다. 숲이 제공하는 목재, 대나무, 라피아, 가죽 등을 이용하면

해와 비를 가리는 오두막이 된다. 다음에는 바나나와 마니호트를 약간 재배하고 고기잡이를 하고 사냥을 가기만 하면 된다. 그러면 생활 필수품을 모두 가지게 되므로 노동자로 고용되어 규칙적인 돈을 벌 필요가 없다. 직장을 갖게 되는 것은 어떤 일정한 목적 때문에 돈이 필요할 때뿐이다. 이를테면 아내를 사려고 한다든가 하나 혹은 여럿 있는 아내가 예쁜 천이나 사탕이나 담배를 원한다든가, 새 도끼가 필요하다든가, 브랜디가 마시고 싶다든가, 카키색 옷을 입고 싶고 구두를 신고 싶다든가 할 때다.

그러니까 이 자연아가 노동계약을 맺는 것은 많든 적든 간에 본래의 의미의 생존경쟁을 위한 투쟁 이외의 일 때문이다. 돈을 벌 필요가 생긴 일정한 목적이 없다면 그들은 자기 부락에 머물러 있다. 어디서 노동에 종사하여 마음먹은 것을 살 만큼 돈을 벌면 더 애를 쓸 이유가 없어지므로 언제나 집과 식량이 있는 자기의 부락으로 돌아간다.

흑인은 게으른 것이 아니라, 자유인이다. 그러니까 그들은 언제나 임시 노동자에 지나지 않으므로 그들을 상대로 해서 질서 있는 작업을 한다는 것은 완전히 불가능하다. 이러한 사실을 선교사는 선교소와 자기 집에서 소규모로, 재배자나 상인은 대규모로 경험한다.

우리 집 요리사는 그의 아내와 장모의 욕구를 풀어줄 만큼 돈을 모으자 우리들에게 그가 꼭 필요하다는 사실은 염두에도 두지 않고 떠나가버렸다. 재배장 주인이 고용한 노동자들은 하필이면 때마침 코코아의 해충을 잡아야 할 중대한 시기에 떠나가버렸다. 유럽에서 목재 주문 전보가 계속 오고 있는 때에 온 부락이 고기잡이를 나갔다든가 새 재배장을 만들고 있든가 해서 목재상은 채벌을 할 노동자를 하나도 얻을 수가 없다. 그러니까 우리들 모두가 흑인의 게으름에 대해 통분을 느끼게 되는 것이다. 그러나 실제로는 그들은 우리들에게 와서 벌이에 의존하지 않기 때문에 우리들이 그들을 손에 넣을 수 없는 것에 지나지 않는다.

그러므로 상업상의 필요와 자연아가 자유인이라는 사실 사이에 무서운 갈등이 생긴다. 토지의 부는 흑인이 그것에 별 관심을 가지지 않기 때문에 이용할 수가 없다. 흑인에게 어떻게 노동교육을 하는가? 어떻게 흑인에게 노동을 강제하는가?

"그들의 필요를 될 수 있는 대로 많이 만들어주자. 그러면 그들은 될 수 있는 대로 많이 일을 할 것이다"라고 국가와 상인이 입을 모아 말한다. 국가는 세금이라는 형식으로 강제적인 필요를 그들에게 준다. 이곳에서는 열네 살 이상의 어른은 모두 인두세를 5프랑 내게 되어 있는데 이것을 배로 올리자는 안도 논의되고 있다. 아내 둘과 열네 살 이상의 아이를 일곱 가진 남자는 1년에 1백 프랑을 징수당하므로 그것만큼 노동을 제공하든가 생산물을 팔든가 하지 않으면 안 된다.

상인은 흑인에게 상품을 제공함으로써 그들의 필요를 만들어낸다. 천, 도구류와 같은 유용한 것, 담배, 화장품과 같은 무용한 것, 알코올 류와 같은 유해한 것 등이다. 유용한 물품만으로는 충

아침 노동을 위해 흑인 인부들과 인사하는 슈바이처.

분한 노동 능률을 달성하기에 불충분할 것이다. 그러기 위해서는 하찮은 물건이나 브랜디가 더 낫다.

원시림 속에서는 어떠한 물건이 구매력을 끄는가 보자. 얼마 전에 나는 세상에서 잊힌 듯한 어느 작은 호숫가에서 백인 대신 구멍가게를 맡아보는 흑인에게 상품을 구경한 적이 있다. 판매대에는 깨끗이 흰 칠을 한 브랜디 통이 자리잡고 있었다. 그것과 나란히 담배가 든 상자와 석유 깡통이 있다. 그리고 또 나이프, 도끼, 톱, 못, 나사, 미싱, 다리미, 어망용 실, 접시, 컵, 갖가지 크기의 칠보 식기, 램프, 쌀, 각종 통조림, 소금, 사탕, 모포, 복지, 모기장…… 질레트 안전 면도날, 다양한 색상의 넥타이, 레이스 달린 여성용 속옷, 레이스 달린 스커트, 코르셋, 멋장이 구두, 망사 양말, 축음기, 아코디언, 온갖 종류의 장난감 등이다. 장난감 중에는 받침대 위에 얹힌 접시 모양 물건이 몇 다스 있었다.

"이것은 무엇인가?"라고 나는 물었다. 흑인은 받침대에 붙은 지레를 밀었다. 그러자 작은 오르간이 울리지 않는가.

"이것이 제일 좋은 벌이가 됩니다"라고 그는 나에게 말했다.

"이 근처의 여자들은 모두 이러한 접시가 갖고 싶어서 남편이 이것을 살 돈을 벌 때까지 못살게 굴지요."

세금과 필요를 늘리는 것은 분명히 종래보다 많은 흑인들을 일하게 할 수가 있다. 그러나 참다운 노동교육은 그것으로는 전연 실시되지 않든가, 실시되어도 극히 미약하다. 흑인은 돈을 탐내지만, 믿을 수 있는 성실한 노동자는 되지 않는다. 그들은 고용되어

갈 때 최소한의 노동으로 최대한의 돈을 얻을 궁리밖에 하지 않는다. 고용주가 붙어 있을 때에만 무슨 일을 할 뿐이다.

조금 전에 나는 병원 옆에 새 오두막을 지으려고 날품팔이꾼을 고용했다. 저녁에 가보니까 아무것도 되어 있지 않았다. 사흘째인가 나흘째에 내가 노여움을 보이자 흑인 하나가, 그것도 결코 질이 나쁜 축이 아닌 흑인이 나에게 말했다.

"선생님, 그렇게 우리들을 꾸짖지 마십시오. 당신이 나쁜걸요. 우리들과 같이 있으시죠. 그러면 일을 합니다. 하지만 병원의 환자 곁에 있으면 우리들만 있게 되니 아무 일도 하지 않죠."

그래서 나는 날품팔이꾼을 쓰는 날에는 두세 시간 진료를 쉰다는 규칙을 세웠다. 그동안에 내가 옆에 있어서 그들의 갈색 피부에 땀이 흐를 때까지 일을 시킨다. 그러면 최소한 그만큼은 일이 진척된다.

필요에 따라 얻은 것은 대단치는 않다. 자유인이 속박된 인간이 되면 그 기간만은 자연아도 지속적인 노동자가 된다. 이러한 방법은 여러 가지 방면에서 시도해볼 수가 있다. 흑인을 한참 동안 부락에 돌려보내지 않게 하는 것이 긴급한 문제다. 재배장 주인이나 삼림 소유자는 원칙적으로 근처 지방에서는 노동자를 고용하지 않고, 먼 곳의 다른 부족들에게서 1년 계약으로 청년을 모집해 배로 여기까지 데리고 온다. 이 계약법은 정부에서 작성한 것으로 많은 이곳 식민지 행정 업무와 마찬가지로 목적에도 맞고 인도적이기도 하게끔 배려되어 있다.

그렇게 모집된 노동자는 매주 임금의 반밖에 지불받지 못하게 되어 있다. 나머지는 적립되어 일년이 지나서 백인이 노동자를 다시 부락으로 보내주어야 할 때 지불된다. 이렇게 하면 흑인이 버는 대로 마구 낭비해버려 고향에는 빈손으로 돌아가는 것을 피할 수 있다. 이들 대부분은 아내를 사기 위한 목돈을 얻으려고 고용되어 온 것이다.

그런데 그 결과는? 그들은 마을로 돌아갈 가능성이 없으므로 1년간 견디어내지 않으면 안 된다. 그러나 참으로 유용한 노동자는 그들 중에서 불과 몇명밖에 없다. 대부분이 향수에 젖어든다. 신선한 식량이 부족하므로 그들은 쌀을 먹어야 하는 수가 많다. 이렇게 입에 맞지 않는 음식을 견디지 못하는 자도 있다. 대부분이 브랜디에 빠져든다. 오두막에 수용되어 서로 붙어서 생활하는 사람들 사이에서는 궤양과 병이 함께 퍼진다. 갖가지 예방책을 쓰는데도 계약 기간이 끝나자마자 임금을 낭비해버려 대개가 왔을 때와 마찬가지로 가난뱅이가 되어 집으로 돌아간다.

흑인이 조금이라도 쓸모가 있는 것은 자기 부락에서 자기 가족과 자기 친척에게 도덕적인 발판을 가지고 있을 동안만이다. 자기의 환경에서 떨어져 나오면 윤리적으로나 육체적으로도 파멸한다. 가족을 동반하지 않는 흑인 노동자의 밀집은 비도덕화 장소다. 그러나 상업과 재배장은 이러한 밀집 없이는 성립되지 않으므로 이것을 요구하지 않을 수 없다.

강제노동과 특허제도의 문제

비극적인 것은 바로 문화의 이해관계와 식민지 정책의 이해관계가 일치되지 않고 많은 점에서 서로 상반된다는 것이다. 원시림 사람들을 자기 부락에 있게 해두고 그곳에서 수공업을 한다든가 약간의 커피나 코코아 나무를 자급용과 판매물로 기른다든가 대나무 오두막 대신 목조 집이나 기와집에 산다든가 하면서 건실하고 평온한 생활을 영위하도록 한다면, 그것으로 문화를 위해 이바지하는 것이 될 것이다.

그러나 식민정책은 되도록이면 많은 사람이 모든 방법으로 국가 자원을 최고도로 이용하는 데 동원되기를 요구하지 않을 수 없다. 식민지에 투입된 자본의 이익을 올리고 본국에서 필요한 것을 식민지에서 입수할 수 있도록 최고도의 생산을 한다는 것이 식민지 정책의 슬로건이다. 여기에 뜻하지 않게 생긴 대립은 누구의 죄도 아니다. 이 대립은 지방 사정에 기인한다. 주민이 미개하면 할수록, 또 인구가 희박하면 희박할수록 더 어려운 대립이 된다.

예를 들면 추룰란트 지방(남아프리카 지방)에서는 농업과 축산을 할 수 있으므로 자연히 토인은 토착 농민이나 소사업가가 된다. 그래서 인구가 많으므로 유럽인의 상인은 언제나 필요한 노동력을 구할 수가 있다. 그곳에서는 지방의 주민 보존과 토인 문화의 창조에 관한 문제가 원시림과 미개인이 있는 식민지만큼 어렵지가 않다. 그러나 이곳에서는 경제적 식민지 정책이 문화와 주민

흑인들과 작업 중인 슈바이처.

보존을 희생시키고 진행되는 경우도 일어날 수 있다.

많이 논의되고 있는 정부의 강제노동에 대한 교육적 효과는 어떠한가? 강제노동이란 무엇인가?

일정한 지속적인 직업에 종사하지 않는 토인은 모두 국가의 명령으로 1년에 며칠 동안 상인이나 재배상 주인에게 가서 일을 해야만 한다. 오고우에 강 유역 지방에서는 강제노동이 시행되지 않고 있다. 가봉의 식민지 행정은 될 수 있는 대로 그러한 수단을 쓰지 않는다는 원칙이다. 독일령 아프리카에서는 강제노동이 인도적이며 동시에 목적에 맞는 방법으로 시행되는데 그 결과를 두고 좋다는 사람도 있고 나쁘다는 사람도 있다.

나는 강제노동이 원인적으로는 옳지만 실제로는 실행이 불가능하다고 생각한다. 소규모 강제노동 없이는 식민지에서는 일을 해나갈 수 없다. 내가 관리라고 하면 어느 재배장 주인이 와서 카카오 수확기에 노동자들이 달아난 데다가 근처 부락의 사람들도 이 중대한 시기에 도움을 거절한다고 말한다면 그가 수확을 해내기에 필요한 기간만이라도 이 지방의 일방적인 임금으로 근처 부락의 사람들을 그가 쓸 수 있도록 하는 것이 자신의 권리며 의무라고 생각할 것이다.

그러나 전반적으로 시행되는 강제노동에 대해 말하자면 토인들이 잠시 동안 백인에게서 일을 하려고 때로는 자기 부락과 가족을 떠나야 하므로 일이 복잡해진다. 여행 중 누가 그들을 양육하는가? 병에 걸리면 그는 어떻게 되는가? 백인이 그들을 소집한 때가 마침 그 부락에서 재배장을 개간해야 할 때라든가 대규모 고기잡이를 하기에 알맞은 시기가 아니라고 누가 장담할 수 있을까? 백인은 그들이 조금도 일을 하지 않는다는 구실로 허용된 시간 이상으로 그들을 붙들어두지는 않을까? 그들을 잘 대우할까? 강제노동이 비밀리에 일종의 노예제도로 변할 위험이 있는 것이다.

'특허제도'에 의한 식민지 관리 문제도 강제노동 문제와 비슷하다. '특허제도'란 어떤 것인가? 풍부한 자금을 가진 어느 회사에 커다란 지구의 관리가 몇십 년 동안 위임되는 것이다. 다른 상인은 그곳에 정주해서는 안 된다. 경쟁이 일체 배제되어 있으므로 토인은 그 회사와 회사원에게 크게 의존하게 된다.

국가 주권은 서류상으로는 보장되어 있지만 실제로는 상사가 주권에 속하는 여러 가지 일을 많든 적든 대행한다. 특히 토인이 국가에 미납하고 있는 세금을 회사에 산물 혹은 노동 형식으로 지불해야 하는 경우가 그러하다. 회사는 나중에 그것을 국가에 돈으로 납부한다. 벨기에 령 콩고의 대규모 특허제도가 중대한 폐해를 일으킨 일이 있으므로 일찍이 이 문제가 많은 논의를 일으켰다. 나는 이 위험을 부인하지는 않는다. 이것은 운용 방법이 나쁘면 토인을 인권이 없는 물건으로 취급해 백인 상인이나 재배장 주인에게 예속시키는 결과가 된다.

그러나 좋은 면도 있다. 오고우에 강 상류 지방의 특허권은 '상류 오고우에 회사'에 있다. 이 회사 사원으로 우리 병원에 잠시 입원한 사람들과 나는 그 문제를 여러 가지 면에서 논의해본 결과 문제의 다른 면도 알게 되었다. 회사는 경쟁을 염려할 필요가 없으므로 '상류 오고우에 회사'가 실행하고 있는 것처럼 자기의 특허 지구에서 브랜디를 멀리하고 하찮은 것이 아닌 유용한 상품을 상점에서 팔 수가 있다. 식견이 있는 사람들이 운영하면 회사는 교육적인 효과를 올릴 수가 있다. 그리고 그 지방은 오랫동안 그 회사에만 소속되므로 회사는 지방을 합리적으로 관리하는 데 관심을 가지고 약탈적인 영업을 하려는 유혹에는 쉽게 빠지지 않는 것이다.

그러니까 일반적으로 말해서 국가가 개인 자격의 백인에게 토인을 쓰게 한다는 의미로서의 강제노동 원칙은 배척되어야 한다.

이곳의 흑인들은 여름의 고기잡이 날을 제외하면
거의 바나나와 마니호트 뿌리로만 살아간다.
그들의 여행용 식량도 역시 바나나다.

이곳 원주민 사이에서는 돌보는 사람 없는 과부도, 버림받은 고아도
존재하지 않는다. 가장 가까운 친척 남자가 죽은 사람의 아내를 인계받아
그 여자와 아이들을 양육해야 한다.

또한 국가는 때때로 공공사업을 위해 흑인에게 노동을 부과해야 하는 처지다. 여행을 하는 관리를 위해서는 노 젓는 사람과 운반 인부를 소집해야 한다. 도로 건설과 수리를 위해 부역을 과해야 하고, 때로는 군대와 요원을 부양하기 위해 식량 징발도 해야 한다.

아프리카에서는 두 가지 일이 매우 어렵다. 좀 큰 지역에 규칙적으로 신선한 식량을 공급하는 것과, 원시림으로 뚫고 나가는 도로를 유지하는 것이다. 인구가 희박하고 거리가 멀면 두 가지가 다 그만큼 더 어려워진다. 나의 경험에서 말하는 것이다. 병원의 환자 중에서 고향 부락이 너무 멀어서 그곳에서 정기적으로 생활필수품이 송달되지 않는 사람과 나의 두 조수의 식량을 모으려고 내가 얼마나 애를 썼던가!

하는 수 없이 강제 수단을 써서 진료를 받으러 오는 모든 사람은 맨 먼저 바나나 일정량과 마니호트 막대 빵을 제출해야 한다는 규정을 만들지 않을 수 없었던 때도 있다. 이 규정은 환자들과의 끝없는 시빗거리가 되었다. 그들은 이 규정을 몰랐다든가 자기가 먹을 것도 충분히 가지고 있지 않다고 주장했다. 중환자나 멀리서 온 사람은 물론 약간의 공물을 내지 않아도 치료해주었다. 그러나 내가 아무리 엄하게 식량 조달에 힘을 써도 환자를 먹일 수 없어서 돌려보내야 하는 때도 있다.

선교소 소장도 나와 같은 처지에 있다. 소속 학교 학생들 100명에서 150명을 먹일 식량을 마련해야 하기 때문이다. 학생들을 먹일 수 없어서 학교를 폐쇄하고 그들을 고향으로 돌려보내야 할 경우도 생긴다.

아무래도 백인 거주지 근방에 있는 부락이 가장 많이 부역과 식량 징발 대상이 된다. 당국이 아무리 관대하고 공정하게 다루어도 그러한 부락의 토인들은 그것을 짐으로 여기고 편안하게 살 수 있는 먼 지방으로 이동할 계획을 품는다.

이렇게 해서 인구가 희박한 미개부족이 사는 지방에서 백인 거주지 주변에 차츰 무인지대가 생기기 쉽다. 그러므로 이번에는 또 다른 형태로 강제가 행해지지 않을 수 없다. 토인에게는 부락 이동이 금지되고 먼 곳 부락에는 백인 거주지 부근이나 통상로 혹은 강 유역의 일정한 지점으로 이주 명령이 내린다. ……이렇게 하지 않을 수 없다는 것은 슬픈 일이다. 그리고 모든 일에서 당국자는 꼭 필요한 강제만을 시행하도록 주의해야 한다.

해 방

노동문제와 동시에 또 해방의 문제가 있다. 나의 의견으로는 미개부족 출신의 토인에게 더 높은 학교 교육을 시키는 것은 필요치 않다고 생각한다. 이곳에서의 문화의 시초는 지식이 아니고 수공업과 농업으로, 이것에 의해 비로소 더 높은 문화를 위한 경제적 조건이 만들어진다. 그러나 정부와 상업 분야에서는 관청이나 상점에서 쓰기 위해 넓은 지식을 갖춘 토인도 필요하다. 그러므로 학교는 교육 목적을 보통 교육보다도 훨씬 높은 곳에 두어 복잡한 계산을 할 수 있고 백인의 국어로 바르게 글을 쓸 수 있는 인간을 양성해야만 한다. 토인 중에는 굉장히 머리가 좋은 사람이 많다. 그들의 학교 성적은 지식에 관한 한 매우 좋다. 최근에 마침 선교사 한 사람이 우리 집에 있을 때 지방청 흑인 서기 한 사람이 왔다. 그가 가고 나자 선교사와 나는 서로 말했다.

"저 사람과 작문 경쟁을 하고 싶지 않군요."

그의 상관은 그에게 가장 어려운 문서의 정리나 복잡한 통계를 작성시키는데 그는 언제나 빈틈없이 일을 해냈다.

그렇지만 이러한 사람은 어떻게 될까? 그들은 낯선 땅으로 노동하러 가는 사람들과 똑같이 부락에서 떨어져 있다. 그들은 상점에서 생활하고 토인들이 빠지기 쉬운 기만과 음주의 위험 언저리에 있다. 물론 돈은 많이 번다. 그러나 모든 생활 필수품을 비싼 값으로 사야 하고 더욱이 흑인이 가지는 습관적인 낭비 습성에 젖어 있으므로 언제나 돈이 모자라는 궁한 상태에 놓일 때가 많다. 이제 그들은 보통 흑인에 속하지는 않지만 그렇다고 백인에 속하는 것도 아니고 이 양자의 중간에 있다. 이제 막 화제에 오른 지방청의 흑인 서기는 최근에 어느 선교사 부인에게 말했다.

"정말이지 우리들 토인 인텔리는 불행합니다. 이곳 여인들은 우리들의 인생 반려자가 되기에는 너무 교양이 없고 마다가스카르의 상류계급 부인을 우리에게 수입해주어야 합니다." 아래 계급으로의 영락은 이러한 가장 우수한 토인들 다수의 불행이다.

부유해짐으로써 얻는 해방은 이곳에서는 문제가 되지 않는다. 그렇지만 다른 식민지에서는 사정이 다르다. 그것은 교양에 의한 해방보다도 더욱 위험하다.

사회문제는 또한 유럽에서의 상품 수입에 의해서도 일어난다. 옛날에는 흑인이 갖가지 수공업을 했다. 목조각을 한 견실한 가구를 만든다든가, 나무껍질 섬유로 질이 좋은 실을 만든다든가, 이 외에도 이와 같은 일을 여러 가지 했다. 해안에서는 제염도 했다. 이러한 여러 가지 원시적 수공업은 유럽의 상업이 원시림에 가지고 온 상품으로 인해 쇠퇴해버렸다. 값싼 칠보 항아리가 자기 집에서 만든 견실한 통을 몰아냈다. 모든 부락의 주변에는 그러한 도구류의 폐품이 풀밭에 산을 이룬다. 여러 가지 기술이 이제는 거의 망각되었다. 다만 흑인 노파들만이 지금도 나무껍질 섬유로 실을 만든다든가, 파인애플 잎의 섬유로 바느질 실을 만든다든가 하는 법을 알고 있을 뿐이다. 카누를 만드는 기술조차 저하되고 있다. 이렇게 통속적인 수공업은 퇴보해간다. 유능한 직공계급의 생장이야말로 문화를 향한 참다운 길일 텐데……

브랜디 문제, 일부다처, 아내 매입

브랜디 수입으로 인한 사회적 위험이 얼마나 중대한가는 아프리카의 많은 항구에 매년 주민 일인당 얼마만큼 브랜디가 들어오는가를 읽었다든가, 많은 부락에서 아이들도 노인들과 함께 취해 있는 것을 보았다든가 한 사람만이 이해할 수 있다. 이곳 오고우에 강 유역에서 관리도 상인도 선교사도 추장도 브랜디 수입을 금지해야 한다는 점에서는 의견이 일치한다.

그러면서도 왜 금지되지 않는가? 브랜드가 좋은 과세품이기 때문이다. 브랜디가 매년 올리는 수입세의 수익은 식민지 최대의 수입이다. 이것이 없으면 예산이 부족하게 될 것이다. 주지하는 바와 같이, 어느 아프리카 식민지의 재정도 결코 풍족치 않다. 게다가 또 브랜디의 세금을 매년 인상해도 그 때문에 브랜디 소비량이 1리터도 줄어드는 일이 없다는 편리한 현상이 있다. 그러므로 이곳에서도 사정이 다른 식민지와 마찬가지로 당국에서는 이렇게 말한다.

"브랜디를 금지한다! 대단히 좋은 일이다. 내일부터보다 오늘부터가 좋지. 다만 그전에 그것으로 생기는 예산 부족을 무엇으로 메우는가를 가르쳐주면 좋겠어."

그러나 문제가 여기에 이르면 아무리 강경한 금주론자도 실행할 수 있을 만한 안을 내놓지 못한다. 언제 이 무의미한 딜레마에서 벗어날 방책이 발견될까? 유일한 희망은, 언젠가 식민지의 장래를 현재의 재정문제보다 중시해 몇 년 동안 적자 재정을 계속 감행하면서도 브랜디를 금지하는 총독이 부임하는 것이다. (1919년에 총독이 이것을 시도해서, 식민지 전체를 기쁘게 했다.)

동물의 안전을 위해 서행해달라는 주의 표지판.

브랜디를 수입하지 않더라도 토인들 사이에는 음주가 성행할 것이라는 주장을 많이 들을 수 있다. 이것은 터무니없는 말이다. 이곳에서 마련되는 알코올로 원시림 속의 토인이 얻을 수 있는 것은 종려주뿐이다. 그러나 이것은 그다지 위험한 것이 아니다. 종려주는 종려 수액을 발효시킨 것이다. 이 일은 부락에서 멀리 떨어진 원시림에서 해야 하므로 나무에 구멍을 뚫는다든가, 통을 운반한다든가 하는 노동력이 든다. 나무에 구멍을 뚫는 것이 법률로 금지되어 있기 때문이다. 그러므로 그것은 부락 사람들을 일 년에 몇 번 큰 축제 때 취하게 할 수 있을 정도일 것이다. 상점에서 살 수 있는 브랜디와 같은 영속적인 위험은 없다. 갓 빚은 종려주는 발효 중인 포도즙 같은 맛이 있고, 그대로 마시면 포도즙만큼 취하지 않는다. 그러나 토인들은 어떤 종류의 나무껍질을 섞어 넣는 습관이 있어서 그렇게 되면 무서운 도취 상태를 불러일으키기도 한다.

일부다처제도 어려운 사회문제 중 하나다. 우리들은 이곳에 일부일처제의 이상을 가지고 왔다. 선교사들은 온갖 수단을 다 써서 일부다처제와 싸우며 많은 지방에서 당국이 법률로 이것을 금지하도록 요구하고 있다.

그러나 이곳에 있는 우리들은 모두 일부다처제가 당면한 경제적·사회적 상태와 극히 밀접하게 관련되어 있다는 것을 인정하지 않을 수 없다. 사람이 대나무로 만든 오두막에서 살고, 여자가 독자적인 일로 생계를 유지할 수 있을 만큼 사회조직이 진보하지 못한 곳에서는 미혼 여인이 부지할 자리가 없다. 그러니까 모든 여자가 결혼하려면 일부다처제가 전제가 된다.

게다가 또 원시림에는 소도, 젖 짜는 염소도 없다. 그러므로 어머니는 젖먹이를 굶기지 않으려면 오랫동안 자기의 젖으로 길러야 한다. 일부다처제는 젖먹이의 생존권을 지키고 있다. 아기를 낳은 후, 여자는 3년 동안 아기를 위해서만 생활할 권리와 의무가 있다. 우선은 아내가 아니고 전적으로 어머니일 따름이다. 이 기간의 대부분을 친정에서 지낸다. 3년이 지나면 젖 떼는 잔치를 하고 여자는 다시 아내로서 남편의 오두막으로 돌아간다. 그러나 이러한 아기를 위한 생활은 그동안에 남편이 다른 한 사람 혹은 여러 사람의 여자를 가사와 재배를 위해 거느리고 있기에 가능하다.

또 하나가 있다. 자연인 사이에서는 돌보는 사람 없는 과부도, 버림받은 고아도 존재하지 않는다. 가장 가까운 친척 남자가 죽은 사람의 아내를 인계받고 그 여자와 그 아이들을 양육해야 한다. 여자는 나중에 그의 허가를 얻어 다른 남자와 결혼할 수 있지만 우선은 그의 아내로서의 권리를 가진다.

그러므로 미개인에게서 일부다처제를 개혁하려고 한다는 것은 바로 그들 세계의 사회구조 전체를 동요시키는 것이 된다. 그와 동시에 우리들이, 경우에 합당한 새 사회질서를 만들어낼 수가 없는데, 그렇게 해서 좋겠는가? 그렇게 하더라도 일부다처제는 사실상 존속하고 첩들만이 정당한 것에서 부당한 것으로 되어버리는 것이 아닐까? 이러한 문제가 선교사들의 머리를 아주 괴롭히 한다.

경제 상태가 좋아지면 좋아질수록 일부다처제 폐지 투쟁은 그만큼 쉬워진다. 사람이 칸막이로 분리된 방이 있는 단단한 집에서 살고 축산과 농업을 영위할 수 있게 되면 일부다처제는 사정에 따라 요구되지 않고 스스로 소멸한다. 이스라엘 민족 사이에서는 문화의 진보와 함께 아무런 투쟁 없이 일부일처제가 일부다처제를 이겨냈다. 예언자들의 시대에는 아직도 양자가 병존해 있었지만 예수 시대에는 이미 일부다처제를 전제로 하지 않았다.

선교소는 물론 일부일처제를 이상으로, 또 기독교의 요구로 내

걸어야 한다. 그러나 국가가 그것을 법으로 강제하려 한다면 잘못이 아닐까 한다. 또한 내가 지금까지 판단할 수 있는 한으로는 비도덕의 배제와 일부다처제 배제를 동일시하는 것도 잘못이다.

아내들 사이의 관계는 대개 좋다. 흑인 여인은 자기가 단 하나의 아내이기를 원하지 않는다. 그렇게 되면 재배장 유지를 혼자 책임져야 하기 때문이다. 재배장은 대개 부락에서 먼 어딘가 숨겨진 장소에 만들어져 있으므로 그것을 유지하기는 매우 힘이 든다.

병원에서 나는 다처제의 추한 면을 본 적이 없다. 앓고 있는 늙은 추장이 젊은 두 아내를 데리고 입원한 적이 있다. 그의 병세가 위험하게 되자 두 아내보다도 훨씬 나이 많은 또 한 사람의 아내가 갑자기 찾아왔다. 첫 번째 아내였다. 그 여자는 도착한 날부터 남편의 침대에 앉아 그의 머리를 무릎에 뉘어서 마실 것을 입에 넣어주었다. 젊은 두 아내는 그 여자에게 공손한 태도를 하고 명령을 잘 들으며 취사 일을 맡아보았다.

이 지방에서는 열네 살 소년을 '가장'이라고 소개받는 수가 있다. 이유는 이렇다. 그가 죽은 친척에게 아이가 있는 아내를 상속받은 것이다. 아내는 다른 남자와 새로운 결혼 생활을 시작했다. 그러나 그렇다고 해서 소년의 아이들에 대한 권리와 의무는 조금도 변하지 않는다. 사내아이라면 장차 아내를 사주어야 하고 여자아이라면 앞으로 아내로 맞으려는 자가 소년에게 돈을 지불해야 한다.

아내를 산다는 것을 극구 반대해야 할 것인가, 혹은 허용해야 할 것인가? 처녀의 의견도 들어보지 않고 가장 돈을 많이 내는 자의 아내로 주어버린다고 한다면 물론 반대해야 한다. 그러나 어떤 처녀에게 구혼하는 남자가 처녀의 승락을 받을 때 그 지방 풍속에 따라 그 가족에게 일정한 액수의 금액을 지불해야 한다면 유럽에서 일반적으로 지불되는 지참금에 대해서와 마찬가지로 그것에 군소리를 붙일 이유가 없다. 남자가 결혼을 할 때 여자의 가족에게 돈을 지불하든가 가족에게 돈을 받든가 하는 건 원리에서는 같다. 어느 경우든 사회관에 기인한 금전 거래가 결혼과 함께 행해진다.

극히 필요한 것은 유럽에서나 자연인 사이에서나 그것이 어디까지나 단순히 수반되는 사정에 지나지 않도록, 그리고 배우자 선택이 아프리카에서는 아내가, 유럽에서는 남편이 팔려가는 것 같은 형태로 결정되지 않도록 하는 것이다. 그러므로 우리들은 아내를 사는 행위 자체를 공격해서는 안 된다. 우리들은 다만 처녀가 돈을 가장 많이 내는 자에게 주어지는 게 아니고, 처녀를 행복하게 할 수 있고 처녀도 호감을 느끼는 자에게 주어지도록 토인에게 교육적으로 작용해야 하는 것이다.

흑인 처녀도 대개는 닥치는 대로 누구에게나 팔려갈 만큼 주관이 없지는 않다. 물론 이곳에서는 사랑이 유럽인의 결혼에서와 같은 역할을 하지는 않는다. 자연아는 로맨티시즘을 전혀 모른다. 결혼은 대개 가족회의에서 결정된다. 일반적으로 그들의 생활은 행복하다.

처녀는 대개 열다섯 살에 결혼한다. 선교소 여학교의 학생 대부분이 벌써 약혼 중이며 졸업하면 곧 결혼한다.

처녀가 태어나기도 전에 약속이 되는 것을 나는 과히 부당한 아내 매입 이야기를 듣고 알았다. 이것은 언젠가 삼키타에 있었던 일로 어느 선교사에게서 들은 이야기다.

어떤 사나이가 남에게 400프랑을 빚지고 있었는데 그는 그것을 갚을 생각은 하지 않고 아내를 사서 결혼식을 올렸다. 사람들이 축하연을 벌리고 있는데 채권자가 와서 그가 우선 빚을 갚아야 할 돈으로 아내를 샀다고 심한 욕설을 퍼부었다. 담판이 시작되었다. 결국에 채무자가 이 결혼에서 생길 첫딸을 채권자에게 주기로 약속한다는 쪽으로 합의되었다. 그래서 채권자도 축하객에 섞여 함께 결혼을 축하했다. 그는 16년 후에 와서 구혼했다. 이리하여 빚은 청산되었다.

현존하는 법규와 풍습을 향상시키려는 노력을 해야지 부득이 한 경우 외에는 현행의 것을 변경해서는 안 된다는 의견이 이 지방에서 가장 유능하고 경험 많은 백인들과 사귀는 동안 어느덧 나에게 자리잡았다.

백인과 흑인

마지막으로 백인과 흑인의 관계에 대해 한마디 하겠다. 어떠한 방법으로 흑인과 교제하면 될까? 그들을 동등하게 다루어야 할까, 혹은 한 계단 낮추어서 다루어야 할까?

나는 흑인에게 모든 인간 속에 있는 인간적 품위를 존경한다는 것을 보여주어야 한다. 이 성향을 그는 나에게서 느껴야 한다. 그러나 중요한 것은 형제 같은 친밀감이 정신적으로 존재한다는 것이다. 이중 얼마만큼을 일상 교제의 형식 속에서 나타내야 하는가는 기술 문제다.

흑인은 어린아이다. 아이들에게는 권위가 없어서는 아무것도 안 된다. 그러므로 나는 흑인과의 교제 형식을, 그 속에 나의 자연스런 권위가 나타나도록 만들어야 한다. 그래서 나는 흑인들에게 "나는 너의 형제다. 그러나 형이다"라는 말을 만들어냈다.

친밀감을 권위와 결합하는 것, 이것이 토인과의 올바른 교제의 큰 비결이다. 로베르트라는 선교사는 몇 년 전에 흑인들 속에서 완전히 형제로서 생활하려고 선교회를 빠져나갔다. 그는 랑바레네와 은고모 사이의 한 흑인 부락 옆에 작은 집을 짓고 부락의 일원이 되기를 바랐다. 그날부터 그의 생활은 순교가 되었다. 백인과 흑인 사이의 거리를 버리는 동시에 그는 영향력을 잃었다. 그의 말은 이제 '백인의 말'로는 통하지 않게 되고 그들과 똑같이 매사에 흑인들과 긴 토론을 하지 않으면 안 되었다.

나는 아프리카에 오기 전에는 선교사나 상인들에게 이곳에서는 백인의 권위 있는 지위를 외면적으로 유지하도록 상당히 주의할 필요가 있다는 말을 들었을 때 퍽 냉정하고 부자연스럽다고 여겼다. 유럽에서 이런 이야기를 듣는다든가 읽으면 누구나가 다 그렇게 생각한다. 그러나 이곳에 와서 나는 최대의 애정은 그러한 형식을 중요시하는 것과 결부될 수 있는 것이라고 생각하게 되었다. 아니, 그렇게 되어야 비로소 가능해진다는 것을 깨달았다.

이야기가 몇 년 전으로 되돌아가지만 은고모의 어느 독신 선교사는 요리사가 상당히 버릇없게 구는 것을 참아왔다. 한번은 그곳에 총독이 탄 증기선이 닿았다. 선교사는 이 고관에게 경의를 표하려고 배에 올라 흰 예복 차림으로 관리들과 장교들 틈에 서 있었다. 그러자 흑인 한 사람이 모자를 쓰고 파이프를 문 채 그 속으로 파고 들어와서 그에게 물었다.

"오늘 밤에는 무슨 요리를 할까요?"

이 요리사는 자기가 주인과 얼마나 친한가를 남에게 보이고 싶었다.

그러나 당치 않은 친밀함을 막는 것은 권위문제 해결의 기술적 일면에 지나지 않는다. 참다운 권위는 흑인들에게 존경을 받음으로써 비로소 백인의 몸에 갖추어진다. 우리들이 그들 자신보다도 지식과 능력을 더 가지고 있으니까 자연아는 우리를 존경한다고 생각해서는 안 된다. 백인의 우월성은 그들에게는 당연한 일로서 별로 문제가 되지 않다. 백인이 철도나 기선을 가지고 있고 게다가 하늘을 날아다닌다든가, 물 속을 돌아다닐 수 있다고 해서 그것만으로 개개인의 백인에게 감탄하는 것이 아니다.

"백인은 꾀가 많아서 무엇이든 할 수 있다"라고 요제프는 말한다. 이러한 기술적인 성과가 어떠한 정신적인 업적을 의미하는가를 흑인은 추측조차 할 수 없다.

그러나 어느 한 가지 점에 대해서는 흑인은 정확한 직감을 가지고 있다. 즉 자기가 관계하는 백인이 인격을, 윤리적인 인격을 가지고 있는가 어떤가 하는 점이다. 그가 이것을 느낀다면 정신적 권위는 가능하고, 백인에게서 이것을 느끼지 못하면 어떠한 방법으로도 그 백인은 권위를 만들어내지 못한다.

자연아는 기본적인 척도밖에 모르므로 모든 척도 중에서 가장 기본적인 도덕적 척도로 잰다. 선의, 공정, 성의, 그리고 외면적 품위의 뒤에 숨어 있는 내면의 품위를 만나면 몸을 굽히고 주인으로 모신다. 이러한 것을 발견하지 못하면 표면적으로는 아무리 공손해도 언제까지나 반항적이다. 그들은 마음속으로 말한다.

"이 백인은 나보다 나은 게 없다. 나보다도 착하지 않으니까."

나는 모든 민족의 식민지에 많은 무능한 인간과 적지 않은 열등 인간이 들어온다는 것을 말하자는 것이 아니고, 윤리적으로 훌륭한 사람이나 이상가도 이곳에서는 자기가 되고 싶어 하는 사람이 되기가 힘들다는 사실을 언급하는 것이다.

우리들은 모두 이곳에서, 책임을 지고 틈이 없는 유럽의 노동자와 책임을 모르고 언제나 한가한 자연아 사이에 있는 무서운 모순 속에서 자신을 소모시킨다. 지방청 관리는 닌밀까지 토인을 상대로 하는 도로 건설과 그 유지, 하역과 노 젓는 사람의 부역, 징세 등의 일정한 실적을 모두 올리지 않으면 안 된다. 상인이나 재

"아프리카에서 자기를 지켜나가려면 정신적인 일을 가져야 한다."

배가는 회사를 위해 기업에 투입되어 있는 자본에 대한 일정한 이익을 올리지 않으면 안 된다. 그때 그들이 상대하지 않으면 안 될 사람들은 자기들 책임을 조금도 분담하지 않을 뿐만 아니라, 억지로 강요하는 일밖에는 하지 않는다. 더구나 토인들은 조금이라도 주의를 기울이지 않으면 굉장히 큰 타격이나 손해가 나도 개의치 않고 자기 기분대로 행동한다. 이러한 자연아를 상대로 하는 매일, 매 시간의 모순 속에서 모든 백인들은 차츰차츰 정신적으로 파멸하는 위험에 빠져든다.

전에 이곳에 부임해온 어느 목재상이 아내와 나를 아주 기쁘게 해주었다. 그는 우리와 이야기하면서 언제나 토인에 대한 인도적인 태도를 찬성했고 감독자가 조금이라도 노동자를 학대하는 것을 용서치 않았기 때문이다. 그런데 이번 봄에 그에게 다음과 같은 일이 일어났다.

그는 채벌한 많은 마호가니 목재를 이곳에서 100킬로미터쯤 떨어진 늪에 넣어두었는데, 자기 상회의 긴급한 전보 때문에 랑바레네로 불려왔다. 마침 물이 불어나기 시작하는 때였다. 그는 감독자와 노동자에게 며칠간의 만수기를 충분히 이용해 될 수 있으면 목재를 전부 강에 유입시키도록 명했다. 물이 줄기 시작해 그가 돌아왔을 때에는, 일은 조금도 진척되어 있지 않았다. 흑인들은 담배를 피우고, 술을 마시고, 춤이나 추고 있었던 것이다. 목재는 너무 오래 늪에 잠겨 있었기 때문에 대부분이 못 쓰게 되어 그는 회사에 손실에 대한 책임을 지게 되었다. 흑인들은 그를 그다

"흑인은 백인에게서 내면적 품위를 발견하지 못하면
표면적으로는 아무리 공손해도 속으로는 반항한다."

지 무서워하지 않았기 때문에 마음대로 행동한 것이다. 이 경험이 그를 완전히 변하게 해버렸다. 지금 그는 토인에게 사정없이 엄하게 대하지 않더라도 어떻게 될 수 있으리라고 생각하는 사람들을 비웃는다.

최근에 우리 집 베란다에 두었던 상자 하나에 흰개미가 붙었다. 나는 상자를 비우고서 그것을 부수어 일을 돕고 있던 흑인에게 내주며 말했다.

"알겠지, 흰개미가 붙어 있어. 그러니까 이 판자를 아래 병원의 장작에 섞으면 안 돼. 그렇게 되면, 바라크 기둥에 흰개미가 붙으니까. 강으로 가지고 가서 물에다 던져버리게. 알았지?"

"네, 네, 안심하십시오."

저녁녘의 일이었다. 나는 너무 지쳐서 다시 한번 언덕을 내려갈 수가 없었다. 그래서 평소와는 달리 흑인을 믿어볼 생각이 들었다. 그리고 이 흑인은 평소에 둔한 편이 아니었다. 그러나 밤 10시에 마음이 몹시 불안해져서 램프를 들고 병원까지 내려갔다. 흰개미가 붙은 판자는 장작 속에 섞여 있었다! 강까지 10미터밖에 안 되는 거리를 가기 싫어서 그 흑인은 나의 건물을 위험 속에 몰아넣었던 것이다!……

백인이 지고 있는 책임이 크면 클수록 토인에게 엄해질 위험이 더 많아진다. 우리 선교소 사람들은 다른 백인에 대해서 자부심에 빠지기 쉽다. 우리들은 관리나 상인처럼 연도 말에 토인에 관한 일정한 물질적 실적을 올려야 할 필요가 없으므로 우리로서는 인간 자체를 소모시키는 투쟁도, 그들만큼 어렵지가 않다.

  나는 나의 병원에 입원한 백인들에게서, 이곳에서 물질적으로 무엇인가를 해내야만 하는 사람의 심리 상태를 알았다. 지금은 토인에 대해서 매정한 말을 하는 사람도 한때는 이상가로서 아프리카에 왔으나 매일 같은 모순 속에서 차츰 지치고 용기를 잃어 정신적으로 지녔던 것을 조금씩 잃어버린다는 것을 느끼기 시작했다. 그 후로 나는 그를 다시 심판할 마음이 없어져버렸다.

  이곳에서 자기의 순수한 인간적 인격을, 또 문화의 역군이 될 능력을 유지하기가 심히 어렵다는 사실은 원시림 속에서 제기되는 백인과 흑인의 문제가 내포하는 커다란 비극이다.

8
1914년의 크리스마스

흑인이 전쟁에서 받은 인상

원시림 속의 전시 크리스마스! 크리스마스 트리 대신 세운 작은 야자나무에 붙인 초가 반쯤 타버렸을 때, 나는 불을 껐다.
"왜 그러시죠?"
아내가 물었다.
"이것밖에 없으니까, 내년에 쓰게 남겨두어야지."
나는 대답했다.
"내년에……?"
아내는 머리를 저었다.
우리들이 카프 로페스에서 돌아온 지 이틀 후인 8월 4일, 나는 카프 로페스에 있는 어느 부인을 위해 약을 조제하고 한 상점에 요제프를 보내어 상점의 증기선이 다음 항행 때 약봉지를 전해줄 수 있는지를 알아오게 했다. 요제프는 상점의 백인이 적어 보낸 쪽지를 가지고 왔다.

"유럽에서는 동원령이 내렸습니다. 벌써 전쟁이 일어났는지도 모릅니다. 우리 증기선을 당국에 제공하지 않으면 안 되므로 언제 카프 로페스로 갈 수 있을지 알 수 없습니다."

유럽에 전쟁이 일어났다는 사실을 우리들이 참으로 실감하게 되기까지는 시일이 걸렸다. 7월 초순 이후로 유럽에서의 소식을 하나도 받아보지 못했다. 그래서 이 불행한 사건을 일으킨 분규에 대해서는 아무것도 모르고 있었다.

흑인들은 처음에는 유럽에서 일어난 사건의 의미를 거의 이해하지 못했다. 가을철에는 그들 중 가톨릭 교도들은 전쟁보다도 사실은 교황 선출에 더 흥미를 가지고 있었다. 어느 날 배를 타고 갈 때에 요제프가 말했다.

"선생님, 교황 선출은 정말 어떻게 하지요? 제일 나이가 많은 사람, 제일 신앙이 깊은 사람, 제일 영리한 사람 중에 어떤 사람을 선출하죠?"

"경우에 따라서 다르겠지"라고 나는 대답했다.

처음에 흑인 노동자는 전쟁을 불행한 것으로 여기지 않았다. 몇 주일 동안은 일을 별로 하지 않아도 되었다. 백인들은 노상 모여 앉아서 유럽에서의 뉴스와 풍문을 이야기했다. 그러나 지금에 와서는 흑인도 사태가 자기들에게까지 영향을 미친다는 것을 알았다. 우선 배가 부족해서 목재를 수출할 수 없으므로, 1년 계약으로 고용된 다른 지방 노동자들은 상점에서 해고되었다. 그들을 돌려보낼 배도 없었으므로 그들은 떼를 지어 대다수의 출발지인

로안고 해안으로 걸어가기로 했다.

담배, 사탕, 쌀, 석유, 브랜디 값이 나중에 갑자기 엄청나게 올랐다는 것도 흑인들에게 전쟁이 일어났다는 것을 실감하게 만들었다. 당장 그들의 관심을 가장 끈 것은 바로 이것이었다. 최근에도 요제프와 함께 궤양 환자에게 붕대를 감아주고 있었는데 요제프는 또다시 전쟁을 물가고의 원인이라고 한탄하기 시작했다. 나는 그에게 말했다.

"요제프, 그렇게 말해서는 안 돼. 선교사나 의사들의 부인이나 의사의 얼굴이 얼마나 근심스러운지 모르겠나? 우리들에겐 전쟁이 달갑잖은 물가고보다 훨씬 더한 거야. 누구나가 다 사랑하는 사람들의 안전을 걱정하는 거야. 먼 곳에서 부상당한 사람의 신음소리와 죽어가는 사람의 마지막 숨소리가 들려오는 것 같아."

이 말을 듣자, 요제프는 깜짝 놀라서 나를 쳐다보았다. 그 후부터 그가 잘 모르는 무엇을 알게 된 것같이 보였다.

많은 토인들이 자기들에게 사랑의 복음을 선교한 백인이 어째서 서로 죽이며 주 예수의 계율을 지키지 않는가라는 의문을 품고 있음을 우리 모두 느낀다. 그러한 질문을 받게 되면 우리들은 어찌할 바를 모른다. 무엇을 생각할 줄 아는 흑인에게서 그러한 질문을 받으면 나는 조금도 설명을 한다든가 얼버무리려고 하지 않고, 다만 우리들은 알 수 없는 무서운 일에 직면해 있다고만 말한다. 이 전쟁으로 인해 자연아 사이에서 백인의 윤리적·종교적 권위가 얼마나 손상되었는가 하는 것은 나중에야 비로소 알게 될 것이다. 이를 생각하니 두렵다.

우리 집에서는 전쟁의 잔학상을 될 수 있는 대로 흑인에게 알리지 않도록 하고 있다. 구독하고 있는 화보를 아무 데나 놓아두지 않았다(우편은 다시 상당히 규칙적으로 배달되고 있다). 읽을 줄 아는 소년들이 기사와 사진을 보고서 소문을 퍼뜨리면 안 되기 때문이다.

의료 업무는 다시 평상시대로 행해진다. 매일 아침 병원으로 내려갈 때, 많은 사람이 의무 때문에 다른 사람에게 고통과 죽음을 주지 않으면 안 될 지금, 내가 인간에게 착한 일을 하고 인간의 생명을 유지하는 일을 할 수 있다는 것이 헤아릴 수 없는 은총인 양 여겨진다. 이러한 감정이 나로 하여금 모든 피로를 초월하게 해준다.

평화시에 유럽을 출항한 마지막 기선이 약품 몇 상자와 붕대류 두 상자를 가져다다주었다. 붕대류는 내 사업을 도와주는 한 부인의 선물이다. 이리하여 나는 몇 달 동안의 병원 운영에 가장 필요한 것을 마련했다. 이 배편으로 도착하지 않은 아프리카 행 상품은 아직도 르 아브르와 보르도 부두에 남아 있다. 언제 그것이 도착할지, 아니 도대체 그것이 도착이나 할지조차 아는 사람이 없었다.

어느 날 나는 세례 시험을 치르는 자리에서 어떤 순박한 흑인 노부인에게
주 예수께서는 가난하셨는가를 물었다. 그러자 그 부인은 이렇게 대답했다.
"그런 어리석은 질문이 어디 있어요. 추장 가운데 으뜸이신 하나님이
그분의 아버지신데 어떻게 가난할 수가 있겠어요?"

코끼리의 습격

환자들을 위한 식량 조달이 내게 커다란 걱정거리다. 이곳은 거의 기근상태다. 코끼리 때문이다. 유럽에서는 문화가 들어온 곳에서는 야수가 사멸하기 시작했다고 생각하는 것이 보통이다. 많은 지방에서는 이것이 사실일지는 모르지만 이곳에서는 거의 정반대 현상이 나타난다. 왜 그런가? 세 가지 이유 때문이다. 대개 토인의 인구가 줄어들면 사냥을 조금밖에 하지 않게 된다. 그리고 또 사냥도 서툴러진다. 원시적이긴 하지만 선조들의 교묘한 사냥 방법을 잊어버리고 총으로 사냥하는 습관이 붙어버렸다. 그러나 몇 년 전부터 만일에 반란이 일어날까 봐 두려워해 모든 국가가 적도 아프리카 전역에서 토인에게는 화약을 조금밖에 주지 않게 되었다. 더구나 그들은 현대식 엽총은 가질 수 없고 구식 수석총밖에 가질 수 없다. 그리고 토인들은 시간이 없어 야수와의 투쟁에 그렇게 열중하지 않게 되었다. 사냥보다 벌채나 뗏목으로 돈을 더 벌 수가 있다. 이리하여 코끼리가 방임되어 그 수가 상당히 늘어난다.

이러한 사실을 우리들은 이제야 이곳에서 알게 되었다. 우리들이 식량을 구입하는 이곳 북서쪽 여러 부락에 있는 바나나 재배장이 계속 코끼리의 습격을 받고 있다. 하룻밤 사이에 커다란 재배장을 망치려면, 코끼리 스무 마리쯤이면 충분하다. 코끼리들은 먹지 않는 것은 짓밟아버린다.

슈바이처는 이 몇백 킬로미터에 걸친 지방에서 환자를 보살펴줄 유일한 의사였다.

아이를 살펴보는 슈바이처.

코끼리는 재배장뿐만 아니라 전신(電信)에도 손해를 입힌다. 은졸레에서 내륙 지방에 이르는 전신 줄은 그러한 피해를 입고 있다. 전신 통로를 표시하는 원시림 속의 길고 곧은 전선은 이미 짐승을 유인하기에 충분하다. 그리고 곧고 매끈한 전신주는 코끼리에게 억제할 수 없는 매력이 있는 모양이다. 전신주는 거기에다 몸을 부비고 싶어하는 그 가죽 두꺼운 동물을 위해 특별히 마련되어 있는 것처럼 보인다. 전신주가 노상 튼튼하기만 한 것은 아니다. 세게 밀면 쓰러져버린다. 그러나 가까운 곳에 차례를 기다리는 전신주는 얼마든지 있다. 그러므로 힘센 코끼리 한 마리가 하룻밤 사이 그 인근 전신주를 몽땅 쓰러뜨리고 나면, 가까이 있는 감시소 사람들이 손해를 발견하고 수리할 때까지 며칠이 걸릴 수도 있다.

근방에 출몰하는 코끼리 때문에 환자의 급식을 무척 걱정하게 되면서도 나는 아직 코끼리를 한 마리도 본 적이 없었고, 또 아마 보게 될 기회도 없을 것이다. 코끼리들은 낮에는 가까이 갈 수 없는 늪지에 있다가 밤이 되면 미리 탐색해둔 재배장을 약탈하러 온다.

심장병을 앓는 아내를 데리고 병원에 온 목각을 잘하는 어느 토인이 나에게 코끼리를 하나 새겨주었다. 이 원시적인 예술 작품에 감탄하면서도 나는 감히 몸체가 실물과 약간 다르지 않는가 하고 지적했다. 감정이 상한 예술가는 어깨를 움츠렸다.

"코끼리가 어떻게 생겼나를 나에게 가르칠 생각입니까? 나는 코끼리 밑에서 하마터면 밟혀 죽을 뻔한 적도 있었습니다."

이 예술가는 유명한 코끼리 사냥꾼이었던 것이다. 코끼리 사냥을 할 때 토인은 열 발자국 거리까지 코끼리에게 다가가서 수석총을 발사한다. 이 사격이 치명상을 주지 못하고 코끼리에게 발견되면 심상찮은 사태가 생기게 된다.

전에는 바나나가 없으면 쌀로 환자들을 곤경에서 구해낼 수 있었다.

요즘은 그렇게 할 수가 없다. 우리에게 남아 있는 쌀은 우리들 자신을 위해 저장해두어야 했다. 이후로 유럽에서 쌀을 더 구입할 수 있을지 생각하면 거의 절망적이다.

9
1915년의 크리스마스

흰개미와 이주개미

원시림 속에 다시 크리스마스가 왔다. 다시 전시의 크리스마스가! 작년에 간직해두었던 초는 금년의 크리스마스 야자나무 위에서 다 타버렸다. 괴로운 한 해였다. 첫 몇 개월 동안은 일상적인 일에다 특별한 일이 겹쳤다. 강한 뇌우가 잦아서 제일 큰 환자용 바라크 부지를 깎아내버렸다. 나는 이 땅 주위를 벽으로 싸고, 위에 있는 언덕에서 내려오는 물이 흘러가도록, 병원 끝에서 끝까지 배수구를 만들 결심을 해야만 했다. 큰 돌이 많이 필요했다. 일부는 카누로 실어오고 일부는 언덕에서 굴려왔다. 나는 언제나 일하는 흑인들 옆에 있어야 했고, 노상 거들어주어야 했다. 그러고 나서 벽 일을 시작했다. 미장이 일을 약간 할 줄 아는 흑인 하나가 도와주었다. 다행히도 선교소에서 반쯤 못 쓰게 되어가는 시멘트 한 통을 발견했다. 넉 달 후에 이 일은 끝났다.

이제는 얼마쯤 쉴 수 있으리라고 나는 생각했다. 그러나 온갖 예방 처치를 해두었는데도 약품과 붕대류의 저장품을 넣어둔 상자 속에 흰개미가 침입했음을 발견했다. 그래서 많은 상자를 열고 다른 곳으로 옮겨 넣지 않으면 안 되었다. 이 일을 하느라 또 몇 주일 동안의 휴식 시간을 완전히 빼앗기고 말았다. 사태를 즉시 알아낸 것은 다행한 일이었다. 그렇지 않았더라면 손해가 훨씬 컸을 것이다. 흰개미가 발하는 독특한, 향긋하고 타는 냄새가 나의 주의를 끌었다. 밖에서 보면 상자는 아무렇지도 않다. 마룻바닥의 조그마한 구멍으로 침입한 것이다. 코르크 마개가 느슨한 약용 시럽병이 그들을 유인한 것이다.

아프리카에 있는 기어다니는 벌레들과의 투쟁이란! 예방 수단을 취하느라고 얼마나 많은 시간을 허비하는가! 그럼에도 계략에 넘어갔음을 몇 번이고 확인하지 않을 수 없게 되면 어쩔 수 없는 분노가 치밀었다.

아내는 밀가루나 옥수수를 통조림할 수 있도록 땜질을 배워두었다. 그러나 땜질한 통 안에서도 두려워하던 작은 바구미(갈란드라 그라나리아)가 수없이 우글거렸다. 닭 사료인 옥수수는 삼 시간에 먼지처럼 되어버린다.

이곳에서 매우 겁내는 것은 작은 전갈 몇 종류와 그 외의 찌르는 벌레다. 유럽에 있을 때처럼 아무렇게나 서랍이나 상자 속에 손을 집어넣지 않을 만큼 조심하게 된다.

도릴루스 속(屬)의 일종인 유명한 이주개미도 큰 적이다. 이것은 우리들도 상당히 괴롭힌다. 대이동을 할 때에는 다섯 줄 내지

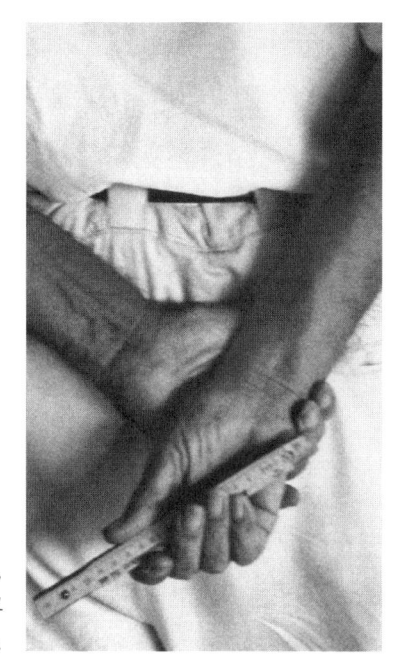

파이프오르간도 연주하고,
글도 쓰며, 환자를 진료하고
건물을 짓기도 하는 슈바이처의 손.

여섯 줄로 종대를 지어 모범적인 질서를 유지하며 행진한다. 집 근처에서 그러한 종대를 관찰한 적이 있는데, 그 행진이 무려 서른여섯 시간이나 계속되었다! 행진이 트인 지대를 지나고 길을 건널 때에는 강력한 턱을 가진 군인개미가 행렬 양쪽에 몇 줄로 울타리를 지어서 보통의 이주개미가 새끼를 운반해가는 행렬을 지킨다. 울타리를 만들 때에는 황제를 호위하는 코작 기병처럼 행렬 쪽에 등을 보이고 한 자리에 몇 시간이나 머물러 있는 것이다.

대개 셋 혹은 넷의 종대가 각각 독립해 5미터에서 50미터까지 거리를 두고 병행으로 행진한다. 어떤 순간에는 그것이 일제히 뿔

뿔이 흩어진다. 명령이 어떻게 전달되는지는 알 수가 없다. 그러나 순식간에 넓은 장소가 새까맣게 우글거리는 것으로 덮여버린다. 순간 그곳에 있던 동물은 행적도 찾을 수 없게 된다. 나무 위에 있는 커다란 거미도 살아날 수 없다. 무서운 강도들이 떼를 지어 제일 높은 가지까지 쫓아가기 때문이다. 거미가 절망해 나무에서 뛰어내리면, 땅에 있는 개미의 제물이 된다. 이 광경은 참혹하다. 원시림 속의 군국주의는 유럽의 군국주의와 거의 비슷하다.

우리 집은 이주개미의 거대한 군용도로 곁에 있다. 개미가 몰려나오는 것은 대개 밤이다. 닭이 흙을 할퀴며 독특한 울음소리를 내므로 우리들은 위험을 알게 된다. 한시도 지체할 수 없다. 나는 침대에서 뛰어내려 닭장으로 달려가서 문을 연다. 문을 열자마자 닭이 뛰어나온다. 가두어두면 개미 밥이 되고 말 것이다. 개미는 닭의 코와 입에 기어 들어가서 질식시킨다. 그러고는 뜯어먹기 시작해 삽시간에 하얀 뼈만 남게 된다. 대개 암탉은 이 강도들의 제물이 되지만 수탉은 구제하러 올 때까지 저항할 수가 있다.

그동안에 아내는 벽에 걸린 나팔을 집어 들고 세 번 분다. 이 신호를 들으면 은켄주가 병원의 힘센 남자들과 함께 강에서 통으로 물을 퍼오게 되어 있다. 물이 언덕에 운반되면 리졸 액을 섞어서 집 주위와 땅에 뿌린다. 이러는 동안에 우리들은 전투 개미에게 호되게 물어뜯긴다. 내 몸에 붙은 것이 거의 50마리쯤 된 적도 있다. 그들은 쉽게 떼어낼 수 없을 만큼 단단하게 턱으로 물어뜯는다. 떼어내면 동체만 떨어지고 턱은 살 속에 남아 있다. 그래서

"이곳에서는 아주 적은 자금밖에 없는 한 사람의 의사라도
많은 사람들에게 큰 의미가 있다."

따로 뽑아내야 한다. 이 대연극은 밤의 어둠 속에서 아내가 든 램프 빛에 의지해 행해진다.

리졸 냄새를 당해낼 수가 없어 개미 떼는 겨우 물러간다. 리졸이 섞인 웅덩이에 개미 시체가 수없이 남는다.

어떤 때는 일주일 동안에 세 번이나 습격당했다. 지금 내가 읽고 있는 회상록의 저자인 선교사 코야르 씨도 역시 잠베지에서 이 주개미에게 고통을 받았다고 했다.

이곳에서는 개미의 대이동이 특히 우기의 처음과 마지막에 많다. 다른 때에는 습격을 크게 염려할 필요가 없다. 이 개미는 유럽의 보통 빨강개미보다 그다지 더 크지 않다. 그러나 턱은 훨씬 강하게 발달해 있으며, 움직임도 훨씬 빠르다. 일반적으로 아프리카의 개미가 모두 민첩하게 빨리 움직이는 데는 놀라지 않을 수 없다.

병원에서 일어난 일

요제프가 병원 일을 그만두고 떠났다. 스트라스부르에서 오는 자금이 끊겨 빚을 내지 않으면 안 되었으므로 그의 봉급을 70프랑에서 35프랑으로 내릴 수밖에 없다고 생각했다. 이러한 결심을 한 것은 어쩔 수 없는 곤궁 때문이라고 그에게 설명했다. 그럼에도 그는 해약을 요구했다. 더구나 그의 표현을 따르자면 "그렇게 적은 돈으로 일하는 것은 자기의 품위가 허락치 않기 때문"이었다. 그래서 그가 아내를 사려고 모았던 저금통도 열어주었다. 200 프랑이 들어 있었다. 그는 몇 주일 사이에 그 돈을 낭비해버렸다. 지금은 강 건너에 있는 그의 부모집에 살고 있다.

이리하여 나는 은켄주의 도움만으로 해나가야 한다. 그는 기분이 나쁜 날이 아니면 쓸 만하다. 기분이 나쁜 날의 그는 어쩔 도리가 없다. 요제프가 하던 많은 일을 지금은 내가 할 수밖에 없다.

화농증 치료에는 '피옥타닌'이라는 이름의 메르크 염료공장에서 판매하는 순 메틸렌 비올레트가 굉장히 도움이 되고 있다. 이 농후 색소의 살균 작용에 대한 결정적인 실험을 했다는 것은, 스트라스부르 대학 안과 교수 슈틸링 씨의 업적이다. 그는 자기 감독 하에 제조된 피옥타닌을 이곳에서 내가 사용할 수 있도록 제공해주었다. 그것은 전쟁 조금 전에 도착했다. 나는 약간 선입견을 가지고 사용에 착수했다. 그러나 푸른 빛의 불쾌스런 점을 내가 참을 수 있을 만큼 효력이 좋았다. 메틸렌 비올레트는 조직을 약화시킨다든가 자극하는 일도 없이, 더구나 조금의 독성도 없이 박테리아를 죽인다는 특성을 가지고 있다. 이 점에서 승홍이나 석탄산이나 옥도정기보다 훨씬 우수하다. 원시림의 의사에게는 없어서는 안 될 물건이다. 지금까지 관찰해온 바에 따르면, 피옥타닌은 궤양이 나을 때 생기는 딱지 형성도 현저히 촉진시킨다.

전쟁 전부터 극빈자로 보이지 않는 환자에게는 약값으로 얼마씩 요구하고 있었다. 그것이 한 달에 2, 300프랑은 되었다. 이것은 한 달 동안 사용한 약품 시가의 겨우 일부분밖에 안 되었지만,

"원시림의 고요함이여, 내가 네게 가지고 있었던 의미에 언제 어떻게 감사할 수 있을까!"

그래도 약간은 도움이 되었다. 그러나 이제는 이 지방에 돈이 없다. 나는 토인에게 거의 모든 것을 무료로 해주지 않으면 안 된다.

백인 중에는 전쟁 때문에 고국으로 돌아가지 못하고 이제는 벌써 4, 5년간이나 이 적도 지대에 머물고 있는 사람이 많다. 대부분이 체력의 한계에 이르러 오고우에 강 유역에서 통용되는 말처럼 의사에게 '수리하러' 가지 않으면 안 된다. 이러한 환자는 오기만 하면 몇 주일씩 입원한다. 때로는 두 사람 혹은 세 사람이 겹쳐 올 때도 있다. 그러면 나는 나의 침실을 내주고 모기 막는 철망을 친 베란다에서 잔다. 사실 그것은 여간한 희생이 아니다.

방보다 베란다에 바람이 더 많다. 이러한 환자의 회복에 가장 도움이 되는 것은 대개의 경우 나의 약이 아니고 내 아내가 만드는 좋은 환자용 식사다. 벌써 나는 카프 로페스의 환자가 그곳의 의사(의사가 있을 경우에)에게 치료를 받지 않고 환자식을 먹으려고 이곳까지 올라오는 것을 거절하지 않으면 안 되었다. 다행히도 환자용 가당 연유가 아직도 상당히 많이 저장되어 있었다. 많은 백인 환자들과 나는 진심으로 친해졌다. 그들 중에 벌써 오랫동안 이곳에 살고 있는 사람들과의 대화에서, 나는 이 지방과 식민지 문제에 관한 새로운 지식을 계속해서 많이 습득하고 있다.

나와 아내의 건강은 나쁘다고는 할 수 없지만 그다지 좋은 편은 아니다. 벌써 열대성 빈혈 증세가 일어나고 있었다. 그 징후는 쉽사리 아주 피로해짐으로써 나타난다. 병원에서 집까지 언덕을 올라오는 동안에 정말로 나는 지칠 대로 지쳐버린다. 그런데 이 길은 겨우 교문 정도 거리밖에 되지 않는다. 열대성 빈혈증에 따르는 심한 신경과민도 느껴진다. 거기에다 또, 이가 형편없는 상태에 있다. 아내와 나는 서로 일시적인 충전을 해준다. 아내는 내가 얼마쯤 치료해줄 수 있지만 참으로 나에게 치료를 해줄 수 있는 사람은 없다. 구제할 가망이 없는 충치 둘을 뽑아내야 하기 때문이다.

원시림과 치통! 이것에 대해서는 이야깃거리가 얼마든지 있다. 나와 친분이 있는 한 백인은, 몇 년 전에 치통을 참을 수가 없어서 아내를 불렀다.

"도구상자에 있는 작은 집게를 갖다 줘." 그러고는 그는 마룻바닥에 누웠다. 아내가 무릎을 꿇고서 할 수 있는 데까지 단단히 집게로 이를 집었다. 그리고 나서 남편은 아내의 손 위에 그의 손을 덧잡고서 이를 뽑아버렸다. 다행히도 그 이는 이러한 방법이 가능한 상태였다.

극심한 피로와 빈혈증을 겪고 있으나 이상하게도 나는 정신적인 생기를 거의 완전히 유지하고 있다. 낮에 과히 심한 일을 하지 않았을 때에는 저녁 식사 후 두 시간은 인류의 사색의 역사에 나타난 윤리와 문화에 대한 연구에 종사할 수 있다. 필요한 책 가운데 나에게 없는 것은 취리히 대학 슈트롤 교수가 주선해준다. 이것은 기억할 만한 작업이다.

저녁 미풍을 될 수 있는 대로 많이 받을 수 있도록 나의 책상은 베란다로 통하는 격자문 옆에 놓여 있다. 야자나무가 가볍게 살짝 움직이는 소리는 귀뚜라미와 두꺼비가 연주하는 시끄러운 음악의 반주를 한다. 원시림에서는 기분 나쁜 무시무시한 야수의 울음소리가 들려온다. 베란다에 있는 충실한 개 카람마는 자기가 있다는 것을 나에게 알리려고 나직이 으르렁거린다. 책상 밑 나의 발 앞에는 작은 영양(羚羊)이 누워 있다.

이 정적 속에서 나는 1900년 이후로 나의 마음을 동하게 하는 사상을 형성하고, 문화 재건에 이바지하려는 시도를 한다. 원시림의 고요함이여, 내가 네게 가지고 있었던 의미에 언제 어떻게 감사할 수 있을까……!

점심 시간과 병원 일을 다시 시작할 때까지의 시간을 음악에 바쳤다. 일요일 오후도 음악의 시간이다. 음악에 관해서도 나는 세상에서 떠나 연구할 수 있다는 데 고마움을 느낀다. 바흐의 많은 오르간 곡을 나는 이전보다도 단순하게 내면적으로 이해하는 것을 배우고 있다.

아프리카에서 자기를 지켜나가려면 정신적인 일을 가져야 한다. 우습게 들릴는지 모르겠으나, 교양이 있는 사람이 교양 없는 사람보다도 원시림 속의 생활을 잘 견디어낸다. 그것은 후자가 모르는 기분전환 방법을 가지고 있기 때문이다. 어떤 진지한 책을 읽을 때는, 하루 종일 토인들의 불신이나 동물들의 투쟁과 싸워서 몸을 소모시키는 불쌍한 자가 아니고, 다시 인간이 된다. 이곳에서 이렇게 몇 번이고 자기 자신으로 되돌아가서 새 힘을 축적하지 않는 사람은 얼마나 불쌍할까? 이러한 사람은 무서운 아프리카의 무미건조함으로 인해 파멸한다.

최근 어느 백인 목재상인이 찾아왔다. 카누가 있는 데까지 그를 전송했을 때, 나는 그가 계획한 이틀간의 여행을 위해 무슨 읽을 거리라도 빌려드릴까 하고 물었다. 그는 "감사합니다. 미리 준비했습니다"라고 말하며 카누 의자에 두었던 책을 보여주었다. 그것은 야콥 뵈에메의 《아우로라》였다, 17세기 초엽의 구두장이며 신비주의자였던 이 독일인의 작품을 그는 여행 때마다 가지고 간다고 했다. 잘 아는 바와 같이 아프리카의 대여행가들은 거의 모두가 다 어려운 책을 지니고 다녔다.

이곳에서는 신문 같은 것을 거의 읽어낼 수가 없다. 지나가는 날만을 계산한 인쇄된 풍문은, 시간이 정지되어 있는 이곳에서는 그로테스크하게 보인다. 원하든 원하지 않든 간에 우리들은 이곳에서는 모두 자연이 일체의 것이고, 인간은 무(無)에 지나지 않는다는, 매일 되풀이되는 체험 아래 서 있다. 이것이 교양이 있건 없건 사람들의 세계관에 유럽적 활동의 격앙과 공허에 반감을 느끼게 하는 그 무엇을 불어넣는다. 이곳 사람들은 지구의 어느 곳에서는, 자연이 무에 지나지 않고 인간이 일체의 것이라는 것을 무슨 변칙적인 것으로 여긴다.

이제는 전쟁 소식이 상당히 규칙적으로 도착한다. 리브르빌에서 내륙 지방에 이르는 거대한 전신선이 이곳을 지나간다. 때문에 은졸레 혹은 카프 로페스에서 대략 이주에 한 번씩 매일의 뉴스를 발췌한 전문이 도착된다. 지구 장관이 그것을 흑인 병사에게 들려서 상점과 두 선교소를 돌려 읽힌다. 다 읽을 때까지 그것을 가지고 온 군인은 옆에서 돌려주기를 기다린다. 다 읽어버리면 다시 이주 동안은 전쟁을 일반적으로밖에 생각지 않는다. 매일 그날의 뉴스를 읽는 흥분을 견뎌내야 하는 사람들의 감정을 우리는 상상할 수가 없다. 그러나 그러한 사람을 부럽게 생각지는 않는다.

오고우에 지방에서 병역 의무를 치르려고 유럽으로 돌아간 백인 중에서, 벌써 열 명이 전사했다는 사실이 요즈음 이곳에 알려졌다. 이 뉴스는 토인에게 강렬한 인상을 주었다.

"이 전쟁으로 벌써 열 명이나 전사했다니!" 파우앵 족 노인이 말했다.

"그러면, 도대체 왜 양쪽이 모여 담판을 하지 않는가? 죽은 사람 모두에게 어떻게 그렇게 많은 지불을 할 수 있을까?"

즉 토인 사이에서는 전사자는 이긴 쪽이나 진 쪽이나 상대편에서 배상하게 되어 있다.

우편물이 오면 우리집 요리사인 알로이스가 나를 불러세운다.

"선생님, 여전히 전쟁입니까?"

"그래, 알로이스, 여전히 전쟁이야."

그러면, 알로이스는 고통스러운 듯 머리를 젓고 나서 몇 번이고 되풀이해서 중얼거린다.

"아아아, 아아아."

그는 전쟁을 생각만 해도 마음이 아픈 흑인 중 하나에 속한다.

이제는 유럽제 식량을 아주 절약한다. 감자는 귀중품이 되기 시작했다. 최근에 어느 백인이 선물로 감자 몇 다스를 소년을 시켜 보내주었다. 나는 그가 몸이 편치 않아서 곧 나의 도움을 구할 거라고 생각했는데 과연 그랬다.

전쟁 이후로 우리들은 원숭이 고기를 먹는 데 익숙해졌다. 이곳 선교소의 선교사 한 사람은 흑인 사냥꾼을 고용하고 있어서, 정기적으로 수확물을 보내준다. 사냥꾼은 보통 원숭이밖에 쏘지 않는다. 원숭이가 가장 쉽게 죽일 수 있는 야수이기 때문이다.

원숭이 고기는 맛이 산양 고기와 비슷한데, 다만 단맛이 조금 더 있을 뿐이다. 진화론에 대해서 어떻게 생각하든 간에 원숭이

고기에 대한 혐오증에서는 좀처럼 벗어날 수가 없다. 최근에 어느 백인이 말했다.

"선생님, 원숭이 고기를 먹는 것은 사람 고기를 먹는 시초입니다."

여름이 끝날 무렵에 우리들은 삼키타의 선교사 모렐 씨 부부와 함께 카프 로페스에서 몇 주일간을 지낼 수 있었다. 어느 상사의 사원 몇 명이 아팠을 때 우리 집에서 환자로서 또 손님으로서 간호를 해주었는데 이 회사가 카프 로페스에 있는 방 세 개를 제공해주었다. 바닷바람은 우리들에게 기적적인 효력이 있었다.

10
선교에 대해
– 랑바레네, 1916년 7월

미개인과 예수의 종교

지금은 건계다. 우리들은 저녁에 큰 모래펄을 산책하고 강 위에서 불어오는 신선한 미풍을 즐긴다. 병원은 요즈음 보통 때보다는 얼마쯤 조용하다. 많은 부락에서 대대적인 고기잡이를 나간다. 그것이 끝나면 환자가 실려오겠지. 한가로운 시간을 이용해 내가 선교사업에서 받은 인상을 적어둔다.

3년 이상이나 나는 한 곳의 선교소에서 살아왔다. 그동안의 경험을 겪은 지금, 나는 선교에 대해서 어떻게 생각하는가?

원시림 속의 인간은 기독교의 어떠한 부분을 이해하는가, 기독교를 어느 정도로 이해하는가? 유럽에 있을 때 기독교는 미개인에게는 너무 고급이라는 말을 들어왔다. 이 의문은 이전에는 나 자신조차 불안하게 했다. 지금 나는 나의 경험에 비추어 보아서, "그렇지 않다"라고 대답할 수 있다.

우선 말해두고 싶은 것은, 자연아는 보통 상상하고 있는 것보다도 훨씬 많이 '생각한다'는 것이다. 글을 읽고 쓸 줄은 모르지만 그들은 우리들의 상상 이상으로 많은 것에 대해서 심사숙고한 경험을 가지고 있다. 나의 병원에서 늙은 토인들과 인생의 최후 문제에 대해 주고받은 대화는 나를 깊이 감동시켰다. 우리들의 자기 자신과의 관계, 다른 인간과의 관계, 세계와 영원한 것과의 관계에 대한 문제를 원시림 속의 인간과 이야기해보면, 백인과 흑인, 교양과 무식의 차별은 사라져버린다.

"흑인은 우리보다 깊습니다. 신문을 읽지 않으니까요"라고 최근에 어느 백인이 나에게 말했다. 이 역설에는 얼마간의 진실이 포함되어 있다.

그러므로 그들에겐 종교의 기본적인 점을 받아들일 수 있는 천성적인 큰 능력이 마련되어 있다. 기독교의 역사적 의미는 물론 토인과는 거리가 멀다. 그들은 전적으로 일종의 역사가 없는 세계관 속에서 살고 있기 때문이다. 그들은 예수와 우리들 사이의 세월을 상상할 수 없다. 따라서 어떻게 하여 구제가 신의 섭리에 따라 준비되고 실현되게 되어 있나를 이야기하는 교의를 그들에게 이해시키는 것도 쉽지 않다.

그 대신 그들은 구제 그것에 대한 기본적인 의식을 가지고 있다. 그들에게는 기독교가 불안의 암흑을 비추어주는 빛이다. 그것은 그들이 자연의 영혼이나 조상의 영혼, 그리고 부적의 위력에 맡겨져 있는 것이 아니라는 것, 또 어떠한 사람도 다른 사람에 대한 심술궂은 힘을 가질 수 없고, 세상에 일어나는 모든 것 속에는 신의 의지만이 작용한다는 것을 그들에게 증명하는 것이다.

이 몸은 무거운 질곡 속에 갇혀 있었네.
당신이 와서, 이제 나를 풀어주도다.

파울 게르하르트의 강림절 노래의 이 한 구절이 미개인에게 기독교가 의미하는 바를 더없이 잘 나타낸다. 선교소에서 예배에 참석할 때에는 언제나 이것을 생각하지 않을 수 없다.

이미 알려진 것처럼 원시인의 종교에서는 피안에 대한 희망이나 공포는 아무런 역할도 하지 못한다. 자연아는 죽음을 두려워하지 않고, 그것을 자연스러운 것으로 안다. 최후의 심판에 대한 두려움이 전면에 나와 있는 기독교의 중세기적 형식은, 윤리적인 형식보다 훨씬 더 그들의 접촉점이 되지 못한다. 그들에게 기독교는 예수에 의해 계시된 도덕적 인생관, 세계관이며, 신의 나라와 신의 은총의 교의다.

자연아에게는 윤리적 합리주의가 깃들여 있다. 그들은 선의 개념과, 종교 속에서 그것과 어울리는 것에 대한 자연적인 감수성을 가지고 있다. 루소와 그 외의 계몽주의 시대 사람들은 자연아를 이상화한 것에 틀림이 없다. 그러나 자연아에게 선량하고 이성적인 능력이 있다고 하는 그 사람들의 직관에는 아무래도 얼마간의 진실이 있다.

흑인의 전승적인 미신적 관념이나 인습적인 정·부정의 관념을 상세한 목록으로 작성했다고 해서, 그것으로 흑인의 사상 세계를 다 말했다고 생각해서는 안 된다. 흑인은 그러한 관념 속에 젖어 들어가 있는 것이 아니고, 그것에 예속되어 있다. 그들의 본질 속에는 옳고 그름에 대한 직관은 틀림없이 사색에서 생긴다는 막연한 예감이 살아 있다. 예수의 종교보다 높은 윤리적 개념을 알게 됨에 따라 그들의 내부에서 이전에는 말없이 존재하고 있던 무엇이 발언을 하게 되고, 이전에는 속박되어 있던 무엇이 해방된다. 오고우에 지방의 토인과 함께 살아가는 날이 길어지면 길어질수록 나에게는 이것이 점점 더 분명한 확신으로 다가왔다.

그러므로 토인은 예수에 의한 구제를 이중의 해방으로 경험한다. 토인은 불안에 찬 세계관을 벗어나서 불안이 없는 세계관으로, 비윤리적인 세계관을 벗어나서 윤리적인 세계관으로 향한다.

내가 토인들에게 교회로 사용되는 랑바레네의 학교, 큰 바라크에서 예수의 산상수훈과 비유를 또한 사도 바울의 우리가 사는 새로운 삶에 대한 말을 해석해줄 기회를 가졌을 때만큼 예수의 사상 속에 있는 압도적이면서도 본질적인 힘을 통감한 적은 없었다.

흑인 기독교도

그런데 흑인이 기독교도가 되면 정말 어느 정도까지 다른 인간이 될까? 세례 때에는 모든 미신을 버릴 것을 맹세한다. 그러나 미신이 실로 강력하게 개인 생활과 사회 생활에 결부되어 있기 때문에 오늘내일 사이에 간단히 인연을 끊을 수가 없다. 크건 작건 여러 가지 점에서 계속 재발된다. 그러나 나는 그들이 풍습에서 곧 결정적으로 해방되지 않는다고 해서 그것을 비관적으로는 생각지 않는다. 중요한 것은 다만 풍습의 배후에는 아무것도 없다는 것을, 따라서 악령도 없다는 것을, 여러 가지 방법으로 그들에게 이해시키는 것이라고 생각한다.

병원에서 아기가 태어나면 산모와 아이의 몸과 얼굴에 흰 빛을 칠해 무섭게 보이려고 한다. 이러한 처치는 거의 모든 미개민족에게서 볼 수 있다. 출산하는 날에는 특히 모자에게 위험을 끼칠지도 모를 악령들을 위협하든가 속이려고 한다. 나는 이러한 풍습에 격분하지 않는다. 분만이 끝나면 나 자신이, "희게 칠하는 것을 잊지 않도록!"이라고 말하는 경우도 많다. 어떠한 경우에는 친밀한 아이러니가 열렬한 공격보다도 악령이나 주물신에 더 효과적이다. 감히 지적하자면 우리들 유럽인도 지금은 분명히 모르고 있지만, 이교적인 관념에서 생긴 많은 습관을 가지고 있다.

개종의 윤리적인 면도 물론 불완전하다. 흑인 기독교도를 공정하게 판단하려면 아무래도 마음의 윤리성과 시민적 윤리성을 구별해서 생각하지 않으면 안 된다. 전자에 관해서는 흑인 기독교도는 때때로 위대한 행동을 한다. 흑인의 한 사람이 기독교도이기 때문에 자기의 권리인 복수를, 뿐만 아니라 자기의 의무인 혈족을

"흑인은 우리보다 깊습니다 신문을 읽지 않으니까요"라고 어느 백인이 내게 말했나.

위한 복수조차 단념한다는 것이 얼마나 중대한 의미를 가지는가는 흑인과 함께 생활해본 사람이 아니면 모른다.

일반적으로 미개인이 우리들 유럽인보다 훨씬 더 선량하다는 것을 나는 알았다. 거기에다 기독교가 더해지면 실로 놀랄 만한 고귀한 성격이 생길 수 있다. 토인에 의해 부끄러운 생각을 느껴본 백인이 한둘이 아니라고 나는 생각한다.

그러나 습관적인 거짓말과 훔치는 버릇을 끊게 하고 우리들이 보아서 다소 믿을 수 있는 인간이 되게 하는 것은 사랑의 종교를 실천하는 것과는 별개의 것이다. 역설적으로 들릴지 모르지만 개종한 토인은 명예를 중시하는 인간이라기보다 오히려 윤리적인 인간인 경우가 많다고 할 수 있다.

이 점에 대해서는 심판을 해도 별 소용이 없다. 우리들은 흑인 기독교도가 될 수 있는 대로 유혹에 빠지지 않도록 주의하지 않으면 안 된다.

그러나 흑인 기독교도로 모든 점에서 윤리적인 인격이 되어버린 사람도 있다. 나는 매일 그러한 사람과 어울리고 있다. 그것은 우리 남학교의 흑인 교사 오잠보다. 나는 그를 내가 아는 모든 사람들 중에서 가장 훌륭한 사람 가운데 하나로 여긴다. 오잠보란 '노래'라는 뜻이다.

상인이나 관리들이 때때로 흑인 기독교도를 혹평하는 것은 무슨 까닭일까? 아프리카로 오는 기선에서 나는 벌써 선객 두 사람에게 원칙적으로 기독교도인 소년은 고용하지 않는다는 말을 들었다.

사실은 해방에 따르는 좋지 못한 현상을 기독교 탓으로 돌려버린 것이다. 젊은 기독교도 대부분은, 선교소의 학교를 졸업하고 지금은 학교 교육을 매개로 흑인에게 다가오는 위기를 여러 가지 형태로 헤쳐나가고 있다. 그들은 여러 가지 노동을 하기에는 자기들이 너무 고급이라고 생각하고, 이제는 '보통' 흑인으로 취급되기를 싫어한다.

이것은 나도 우리 집의 여러 소년에게서 경험한 바가 있다. 그 중 하나로 아톰보군요는 은고모의 최상급반 학생이었는데, 휴가 동안 우리 집에서 일했다. 첫날부터 그는 베란다에서 식기를 씻으며 옆에 교과서를 펴놓고 있었다.

"얼마나 착한 아일까! 정말 열심인 학생이에요!"라고 나의 아내는 말했다.

그러는 동안에 우리들은 그의 옆에 펼쳐져 있는 교과서가 그의 면학열을 표시할 뿐 아니라 동시에 시위하는 행동이라는 것을 알았다. 이 열다섯 살짜리 소년은 그것으로 우리들에게, 사실 자기는 이러한 일을 하기에는 너무나 고급이므로 일반 소년 이상으로 인정해달라는 것을 확실히 표시하려고 한 것이다. 나중에는 그만 그의 자만심을 참을 수가 없어서 내쫓아버렸다.

그런데 지방청은 거의 학교를 세우지 않고 선교회에 의지하며, 수많은 식민지의 학교는 거의 전부가 미션 스쿨이므로 해방에 따르는 불건전한 현상은 주로 미션 스쿨 출신자에게서 일어나, 그것

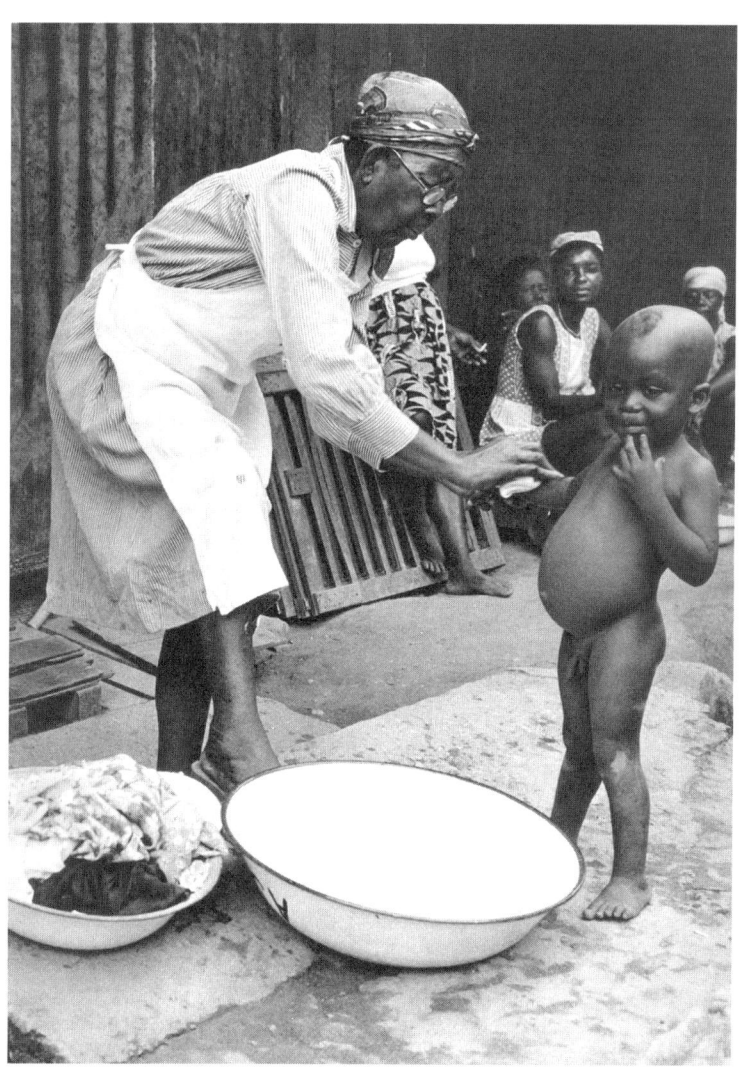

"토인에 의해 부끄러운 생각을 느껴본 백인이 한둘이 아니라고 나는 생각한다."

이 곧 기독교 책임으로 돌아간다. 이때 백인들은 선교회에 진 은혜는 잊어버린다. 어느 큰 상사의 지배인이 내가 타고 있던 증기선 안에서 선교회를 비난하기 시작했다. 그래서 나는 그에게 물었다.

"당신이 쓰고 있는 흑인 서기나 사원은 도대체 누가 교육을 시켰습니까? 당신이 오고우에 강 유역에서 글을 읽고 쓸 줄 알며, 계산을 할 수 있는, 다소나마 믿을 수 있는 흑인을 구할 수 있는 것은 누구 덕입니까?"

그는 말문을 닫을 수밖에 없었다.

선교소 생활

그렇다면 선교는 어떻게 행해지는가? 선교소 일에 속하는 것은 무엇이며, 선교소는 어떻게 일을 하는가?

유럽에서는 선교소를 원시림 속에 있는 마을 목사관처럼 생각한다. 그러나 선교소는 훨씬 규모가 크고 복잡하다. 목사 감독의 거처이며 학교 본부이고, 경제적인 기업체이며 시장이기도 하다.

정규 선교소에 필요한 인원은 소장으로 선교사 한 명, 복음 선교 여행을 위한 선교사 한 명, 남학교 교사로 선교사 한 명, 어학교 여교사 한 명, 직공 선교사 한두 명, 그리고 가능하다면 의사 한 명 등이다. 이만한 인원이 갖추어진 선교소가 아니면 사업을 할 수 없다. 불완전한 선교소는 그것에 상당한 업적도 올리지 못

하고서 사람과 돈을 낭비하게 된다. 한 예를 들어보겠다.

내가 이곳에 올 당시, 탈라구가에는 미국인인 포드라는 훌륭한 복음 선교 선교사가 있었다. 그러나 그 선교소에는 직공 선교사가 없었다. 그런데 포드 씨 부부와 아이들이 살고 있는 집은 마구간 위에 세워져 있었고 바닥에 구멍이 많이 생겨 거기서 모기가 침입해 온 가족이 열병에 전염될 위험이 생겼다. 그래서 아무래도 바닥을 수리하지 않을 수 없게 되었다. 하는 수 없이 포드 씨 자신이 일을 시작했다. 그 때문에 두 달 가까운 날을 보냈다. 그동안에 근처 지방에선 선교사 없이 지낸 셈이다. 직공 선교사라면 삼주 만에 그 일을 마쳤을 테고, 더구나 일시적인 수리 이상의 일을 할 수 있었을 것이다. 이것은 인원이 부족한 선교소의 무수한 곤궁과 불합리한 점을 보여주는 한 예다.

열대 지방에서는 온화한 풍토에서 할 수 있는 일의 겨우 반 정도밖에 할 수 없다. 한 가지 일에서 또 다른 일로 이끌려 들어가면 그는 당장 기력을 소모해버리고 한참 후에는 다만 살아 있는 것뿐 활동적인 힘은 완전히 없어진다. 그러므로 엄밀한 분업이 필요하다. 그렇지만 일면으로는 누구든지 사정이 요구하면 무슨 일이든지 한다는 생각을 가지고 있지 않으면 안 된다. 선교사가 직공 일과 작물 재배, 병자 처치법을 동시에 알고 있지 않다면 선교소로서는 불행한 일이다.

복음 선교를 위해 와 있는 선교사는 본래 선교소의 경영에는 전연 관계해서는 안 된다. 그는 매일 멀고 가까운 부락으로 갈 수 있도록 자유로워야 한다. 그리고 또 며칠까지는 돌아와야 한다는 속박이 있어서도 안 된다. 행선지에서 이곳저곳 부락에서 토인이 복음을 듣고 싶다는 예정에 없었던 일이 있으면 거기까지 여행할 필요가 생길 것이다. 그럴 때 시간이 없다고 해서는 안 되고, 이삼 주 혹은 일주일이라도 시간을 낼 수 있어야 한다. 여행에서 돌아오면 쉬어야 한다. 이주 동안 배를 타고 원시림을 걷고 돌아오면 지치게 마련이다.

복음 선교 여행은 너무나 적고 너무나 황망하다. 이것은 거의 모든 선교소의 불행이다. 그리고 이 폐해의 원인은 언제나 인원 부족이라든가 불합리한 분업의 결과, 복음 선교 선교사가 선교소 일을 일부 맡고 선교소장이 여행을 해야 한다는 데 있다.

선교소장은 선교소와 근처 몇몇 부락에서 예배를 보는 동시에 학교 운영과 재배장을 감독하는 직책이다. 본래는 소장이 하루라도 선교소를 떠나서는 안 된다. 모든 일의 진행을 살피고 언제 누구와도 만날 수 있어야 한다. 그에게 가장 무미건조한 일은 시장을 여는 일이다.

학교와 노동자, 노 젓는 사람, 그리고 우리들 자신을 위해 필요한 식료품은 돈으로는 살 수 없다. 토인은 우리에게 좋은 상품이 있다는 것을 알고 있을 때에만 규칙적으로 마니호트나 바나나, 말린 생선을 가지고 온다. 그러므로 선교소는 매점을 하나 가지고 있어야 한다. 토인은 일주일에 2, 3일쯤 과실이나 생선을 가지고 와서 소금, 석유, 못, 어구, 담배, 톱, 나이프, 도끼, 천 등과 교환

하나의 그릇에 담긴 것을 같이 먹고 있는 슈바이처의 동물들.

해간다. 우리들에게 브랜디는 없다.

　선교소장은 오전을 완전히 그 일로 보낸다. 그리고 올바르고 적절한 시기에 유럽으로 주문을 하고, 정확하게 계산을 하고, 노 젓는 사람과 노동자의 보수를 지불하고, 선교소 내의 재배장 감독을 하느라 참으로 많은 시간을 빼앗긴다! 그가 필요한 물건을 적절한 시간에 입수해두지 않으면 어떠한 손해가 생길 것인가! 지붕을 이어야 하는데 말려서 동여맨 라피아 잎이 없다면 어떻게 될까! 건축을 해야 하는데 목재도 판자도 없고, 벽돌 제주에 적당한 시기를 놓쳐버리면 어떻게 될까? 혹은 학생들을 위해 저장해둔 마른 생선을 적당한 시기에 다시 훈제하기를 게을리하면 어느 날 아침에 그것에 벌레가 가득 붙어서, 못 먹게 된 것을 발견하게 된다. 선교소가 합리적이고도 값싸게 운영되는가, 그렇지 않으면 불합리하고 비싸게 운영되는가 하는 것은 소장의 운영 방법 여하에 달려 있다.

한 가지 예를 들어보겠다. 우리 선교소의 한 곳에 몇 년간 계속해서 재배 일을 잘 모르는 소장들이 와서 커피나무를 제때 잘라주지 않았다. 그래서 커피나무는 굉장히 높이 생장해 이제 열매도 맺지 않고 사다리 없이는 수확도 할 수 없게 되었다. 지금 우리들은 그것을 지면 가까운 곳에서 자르지 않으면 안 된다. 이 그루터기가 다시 싹터서 보통 크기로 자랄 때까지는 몇 년이 걸린다.

또한 소장은 자주 일어나는 도난 사건에서 수색도 책임져야 한다. 그래서 그는 탐정으로서 재능을 발휘할 기회를 싫증날 만큼 가지게 된다. 선교소 흑인들의 담판도 모두 재판해주어야 한다. 그때 결코 조급하게 서둘러서는 안 된다. 몇 시간이고 하찮은 논쟁을 주의 깊게 경청하지 않으면 안 된다. 그렇게 하지 않으면 공평한 재판관이 되지 못한다. 다른 선교소에서 카누가 오면 노 젓는 사람들을 재우고 먹여야 한다. 증기선 기적 소리가 들리면 우편물과 상품이 든 짐짝을 찾으러 카누로 부두에 나가야 한다.

그러나 지금은 장날에 충분한 식량이 들어오지 않는다. 그래서 카누로 먼 부락까지 필요한 것을 구하러 보내지 않으면 안 된다. 이틀 혹은 사흘이 걸릴지도 모른다. 그 때문에 얼마나 많은 일을 포기해야 하는가? 배가 빈손으로 돌아올 때도 있을 것이다. 그러면 다른 곳으로 떠나지 않으면 안 된다.

학생들은 선교소에서 생활을 한다. 부모들은 10월에 학생을 선교소로 데리고 왔다가 대규모 고기잡이가 시작되는 7월에 데리고 간다.

예수의 종교를 전하러 온 사람에게는 이 얼마나 무서운 무미건조함인가! 만약 학교에서 아침저녁의 예배와 일요일의 설교를 하지 않는다면, 선교소장은 자기가 선교사라는 사실을 잊어버릴지도 모른다. 그러나 그가 이러한 일상 활동 속에서도 기독교적인 친절과 기독적인 관용을 보인다는 바로 이것으로, 그는 다른 사람들에게 최대의 영향력을 발휘한다. 그의 말없는 설교를 통해 선교소는 정신적으로 이러해야 한다고 요구되는 바로 그것이 된다.

선교소의 학교에 대해

학교에 관해 한마디 하겠다. 학생이 부모 곁에 살면서 수업을 받으러 오는 학교는, 이곳에서는 거리 관계로 성립되지 않는다. 랑바레네 선교소 관할 부락들은 선교소에서 100킬로미터나 떨어져 있는 곳도 있다. 그러므로 학생은 선교소에서 생활하지 않으면 안 된다. 부모들은 10월에 학생을 데리고 와서 대규모 고기잡이 시기가 시작되는 7월에 데리고 간다. 학생은 숙박과 식량을 제공받는 대신, 남학생이든 여학생이든 선교소에서 노동을 해야 한다.

그들의 하루는 다음과 같다. 아침 7시에서 9시까지는 풀과 덤불을 벤다. 선교소를 원시림의 침입에서 막아내는 투쟁은 주로 학생들 몫이다. 부지 한쪽 끝까지 베고 나서 그동안에 다시 자라난 다른 한쪽을 베면 때가 꼭 알맞다. 9시에서 10시까지는 휴식 시간이다. 큰 지붕 밑에서 그들은 흑인이 하는 방법으로 바나나를 삶는다. 아궁이와 냄비 하나마다에 대여섯 명씩 붙는다. 식사가 끝나면 10시에서 12시까지 수업이 있다. 12시에서 1시 사이의 휴식 시간은 대개 목욕이나 낚시질로 보낸다. 두 시간 내지 네 시간 동안의 오후 수업이 끝나면 다시 1시간 30분의 노동 시간이 있다. 카카오 재배를 거들어주는 것이다. 그러나 때때로 남학생은 직공 선교사의 지시에 따라 벽돌을 만들든가, 건축 재료를 운반하든가, 토목 일을 하든가 한다. 그것이 끝나면 다음날의 식량을 받는다. 6시가 지나면 저녁 예배가 있다. 그러고 나서 저녁 식사를 끓여 먹는다. 9시에 취침, 모기장 속의 나무 침대에서 잔다. 일요일 오후에는 카누를 탄다. 이때는 여학생도 여선생이 탄 카누를 젓게 된다. 건계에는 모래펄에서 무슨 놀이를 하기도 한다.

남자 학교의 고민거리는 선교사가 복음 선교 여행을 떠날 때 혹은 다른 일로 카누가 필요할 때 노 젓는 사람으로 남학생을 데리고 가야 하므로 때때로 일주일 혹은 그 이상을 결석한다는 점이다. 모든 선교소가 저마다 좋은 모터 보트를 한 척 가지게 될 날이 언제 올 것인가!

선교사는 기본적인 교양을 지니고 있어야만 하는가? 그렇다. 정신 생활과 정신적 관심이 발달해 있으면 있을수록, 그 사람은 더욱더 아프리카 생활을 잘 견디어낸다. 그렇지 않은 사람은, 이곳에서 말해지듯이, '흑인화하는' 위험에 빠지기 쉽다. 이것은 폭넓은 관점과 정신적인 탄력을 잃고 거의 흑인과 같이 사소한 일에 구애되어 다투는 태도로 나타난다. 신학적 교양도 깊은 편이 얕은 것보다 낫다.

신학을 배운 적이 없는 사람도 경우에 따라서는 좋은 선교사가 될 수 있다는 것은, 우리 선교소의 현 소장인 펠릭스 포르 씨가 보여준다. 그는 본래 농업 기사로, 주로 선교소의 작물 재배를 지도하려고 오고우에 강 유역 지방에 왔다. 그러나 동시에 설교자로서도, 복음 선교자로서도 극히 유능하다는 것을 입증했으므로, 시간이 지남에 따라 재배자보다도 선교사가 되었다.

이곳에서 하고 있는 세례 방법에 대해서 나는 전적으로 찬성하지는 않는다. 원칙적으로 어른 외엔 세례를 받지 않는다. 품행이 확인된 자만이 기독교단에 채용된다. 지당한 일이다. 그러나 그런 방법으로 우리는 확고한 넓은 기초 위에서 교회를 세울 수가

"나는 세상에서 떠나 음악을 연구할 수 있다는 데 고마움을 느낀다.
바흐의 많은 오르간 곡을 나는 이전보다는 단순하게
내면적으로 이해하는 것을 배우고 있다."

있을까? 교단은 될 수 있는 대로 비난받지 않는 신자들로 이루어진다는 것에만 중점을 두는 게 아닐까?

나는 어떻게 하면 교단이 정상적인 신도를 늘일 수 있는가 하는 것도 고려해야 한다고 생각한다. 기독교도인 부부의 아이들에게도 세례를 받게 하면 어릴 때부터 기독 교회에 소속되어 그 영향을 받게 될 토인이 이제 성장하게 된다. 물론 그들 중에는 어린 시절에 얻은 기독교도라는 이름에 어울리지 않는 행동을 보이는 자도 나올 것이다. 그러나 대부분의 사람은 어린 시절부터 교단에 소속되어 자기를 둘러싸고 있는 윤리적 위험 속에서 교단을 유지했다는 바로 그 이유만으로도 교단의 충실한 성원이 될 것이다. 이리하여 처음 몇 세기 동안에 그렇게도 교회를 동요시킨 유아 세례 문제가 오늘날 선교소에서 다시 시급한 문제로 나타난다. 만약에 우리가 오고우에 강 유역 지방에서 유아 세례를 행하기로 결정한다면 우리들은 거의 모든 토인 프로테스탄트 교도와 가톨릭 교구 장로들의 반대를 받을 것이다.

기독교 선교 활동이 이곳에서는 가톨릭과 프로테스탄트, 두 가지 형태로 등장한다는 것이 가장 어려운 문제를 만들어낸다. 이러한 구별 없이 두 교회가 경쟁을 하지 않는다면 예수의 이름으로 하는 활동이 더욱더 훌륭해질 것이다. 오고우에 강 유역 지방에서 두 파의 선교사는 공정한, 때로는 친밀한 관계를 유지한다. 그러나 그렇다고 해서 토인을 혼란시키고 복음의 주제를 해치게 하는 경쟁이 없는 것은 아니다.

나는 의사로서 가톨릭 선교소에 가끔 가므로 거기서 복음 선교와 교육이 어떻게 행해지는가에 대해서 상당히 명확한 윤곽을 잡을 수가 있다. 조직은 가톨릭 선교소가 프로테스탄트보다도 많은 점에서 나은 것으로 생각된다.

두 종파가 추구하는 목적에 대해서 차이점을 지적하라고 한다면, 프로테스탄트의 선교는 주로 기독교적 인격의 육성을 목적으로 하고, 가톨릭의 선교는 무엇보다도 먼저 확고한 교회 설립에 주안점을 둔다고 말할 수 있을 것이다. 프로테스탄트의 선교가 갖고 있는 목적이 조금 더 높은 것이다. 그러나 이것은 가톨릭의 선교만큼 현실을 고려하지 않는다. 교육 사업을 영속적으로 실행하려면 기독교도 가족의 자손 중에서 자연히 신도가 증가하게 될 기초가 확고한 교회가 필요하다. 이를 모든 시대의 교회사가 가르친다. 그러나 프로테스탄트파의 위대한 점이나 약점도 그것이 너무나 인격적인 종교이고, 너무나 교회적이 아니라는 데 있는 것이 아닐까?……

이곳에서 미국 선교사들이 시작하고, 프랑스 선교사들이 계속해온 사업에 대해서 나는 솔직히 존경심을 느낀다. 그들은 토인들 속에 인간적인 기독교적 성격을 가진 인물들을 육성한 것이다. 이들은 극심한 선교 사업 반대자에게도 예수의 가르침이 미개인에게 무엇을 해줄 수 있는가를 납득시킬 것이다. 다만 선교사에게 돈과 인원을 제공해 백인의 상업이 자연아에게 주는 모든 위험과 문제를 가지고 내부 지방으로 파고들기 전에 그곳에 새 선교소를 세워, 토인들에게 교육적으로 작용할 수 있도록 해주어야 한다.

그러나 이러한 일이 가까운 장래에 가능할 것인가? 전쟁 후의 선교는 어떻게 될 것인가? 황폐한 유럽의 여러 나라가 어떻게 세계의 정신적 사업의 자금을 계속 조달할 수 있을 것인가? 게다가 기독교와 마찬가지로 선교도 국제적 성격을 지닌다. 그러나 전쟁으로 국제적인 모든 것이 먼 앞날까지 불투명하게 되어버렸다. 또한 전쟁으로 백인이 흑인들에게 정신적인 권위를 크게 잃어버렸다는 것도 전 세계 선교회가 느끼게 될 것이다.

11
에필로그

낙원과 처참한 불행을 동시에 바라보며

4년 반을 우리는 랑바레네에서 일했다.

마지막 해에는 가을과 봄 사이의 무더운 우기 몇 달 동안을 우리는 해안에서 보낼 수 있었다. 극도로 쇠약한 나의 아내를 동정한 어느 백인이, 카프 로페스에서 두 시간 거리에 있는 오고우에 강구 근처에 있는 집을 빌려주었다. 전쟁 전에는 묶어둔 뗏목의 감시인 거처로 사용되었으나 목재업이 휴업한 이후로 비어 있었다. 우리들은 이 호의를 결코 잊지 않을 것이다.

이 정적 속에서의 우리들의 주된 식량은 내가 바다에서 잡아오는 청어였다. 카프 로페스 만에는 상상할 수 없을 만큼 물고기가 많았다.

이 집 주위에는 목재업이 번창할 때 백인에게 고용되어 살던 노동자들의 오두막이 여러 채 있었다. 지금은 반이나 허물어져서 이동해가는 흑인들의 거처가 되어 있었다. 도착한 이틀째에 나는

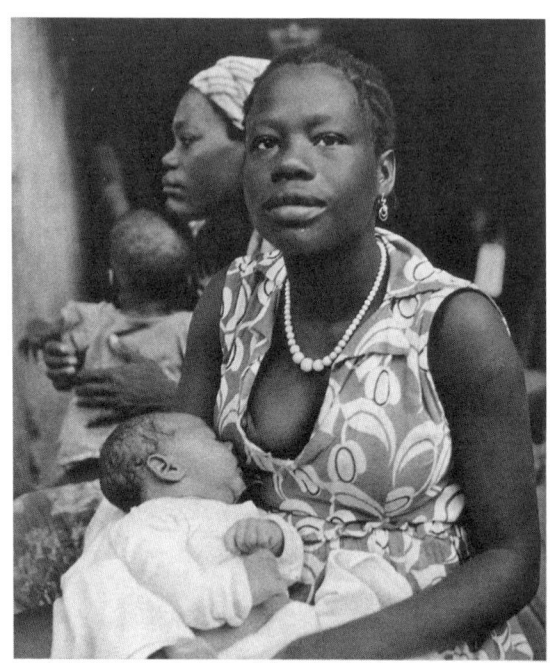

"역사가 백인과 유색인종 사이에 일어난 일을 한 권의 책으로 기록한다면, 어느 부분에서는 참혹해 읽지 못하고 넘겨야 할 페이지가 많을 것이다."

누가 있나 하고 그곳으로 가보았다. 불러도 대답하는 사람이 아무도 없었다. 그래서 하나하나 문을 열어보았다. 마지막 오두막에 사람이 하나 쓰러져 있었으나 머리가 거의 다 모래에 묻혀 있었다. 개미가 그의 몸 위를 기어다녔다. 수면병 환자였던 것이다. 가족들이 더는 운반해갈 수가 없어서 아마도 며칠 전에 이곳에 버려두고 갔을 것이다. 아직은 숨은 쉬고 있었지만 이제 도저히 살려낼 가망이 없었다. 이 불쌍한 사람을 돌보고 있자니 오두막 문으로, 초록빛 숲으로 둘레가 장식된 꿈처럼 아름다운 푸른 후미가 보였다. 그 위에 반짝이는 저녁 해가 비쳤다. 낙원과 아주 처참한 불행을 동시에 바라보고 있다는 것이 내 마음에 충격을 주었다……

랑바레네로 돌아오니 많은 일이 기다렸다. 그러나 나는 이 분주함을 겁내지는 않았다. 나는 다시금 생기를 되찾았다. 이즈음에 나를 바쁘게 한 것은 이질 환자였다. 이 지방에서 군대를 돕기 위해 카메룬으로 운반 인부가 징용되어 갔는데 그 사람들 대부분이 이질에 걸렸다. 에메틴의 피하주사는 만성화된 증상에도 아주 잘 들었다.

이 운반 인부 징용 때에, 다리가 악성 궤양에 걸려 있는 바지르라는 환자가 징용된 형제를 혼자서 가게 할 수 없다고 지원하려 했다. 나는 그가 나흘만 걸어서 가면 가는 도중에 쓰러져 원시림 속에서 죽게 될 거라고 타일렀다. 그래도 그는 막무가내로 내 말을 들으려 하지 않았다. 결국에는 거의 힘으로 그를 붙들지 않을 수 없었다.

징용된 운반 인부가 해로로 카메룬에 수송되기 위해 은고모에서 증기선을 탈 때 나는 우연히 그 자리에 있었다. 드디어 흑인도 전쟁이 무엇인가를 현실로 경험하게 된 것이다. 여자들의 탄식을 뒤로하고 증기선은 떠났다. 그 연기가 멀리 사라져갔다. 물가 바위 위에, 아들이 끌려간 노파 하나가 소리 없이 흐느끼며 앉아 있었다. 나는 손을 잡고 위로의 말을 했다. 노파는 나의 말이 들리지

"우리와 우리의 문화는 죄과의 짐을 지고 있다. 우리가 유색인종에게 하는 선행은 자선이 아니라 속죄다."

않는 듯 울고만 있었다. 갑자기 나는 내가 함께 울고 있다는 것을, 저물어가는 저녁 햇빛을 받으며 계속 소리 없이 울고 있다는 사실을 깨달았다.

그 무렵에 나는 어느 잡지에서, 인간의 마음속에는 명성을 희구하는 고귀한 욕구가 제거할 수 없을 만큼 뿌리를 펴고 있기 때문에 먼 훗날이 되어도 전쟁은 없어지지 않을 것이라고 논한 글을 읽었다. 이러한 전쟁 찬미가들은 언제나 감격이나 정당방위에 의해 약간 이상화된 전쟁밖에 생각하지 않는다.

만약에 이러한 사람들이 아프리카의 많은 전장 가운데 하나인 원시림을 여행하면서 무거운 짐에 견디다 못하고 쓰러져서 외로운 길 위에 죽어 있는 운반부들의 시체 사이를 지나게 된다면, 원시림의 정적 속에 있는, 죄도 없고 감격도 없는 희생을 똑바로 보면서 전쟁이란 어떠한 것인가를 생각한다면 아마도 정신이 들 것이다.

의사로서의 나의 경험의 총결산

이 4년 반 동안의 경험은 내게 무엇을 주었는가?

모든 점에서 나는 학문과 예술로부터 나를 원시림으로 몰아친 그 결정이 옳았다는 확증을 얻었다. 나의 친구들은 나를 만류하려고, "자연의 품에 안겨 있는 토인은 우리들처럼 그렇게 많이 병에 걸리지 않고 우리들처럼 고통도 느끼지 않을 거야"라고 말했다. 그러나 나는 그렇지 않다는 것을 이 눈으로 보고 왔다. 그곳에서는 유럽에 있는 병의 대부분이 성행하고 있으며 우리들이 그곳에 전한 많은 추악한 병은, 이곳에서보다도 훨씬 많은 참극을 펼친다. 또한 고통은 자연아도 우리들과 마찬가지로 느낀다. 인간이라고 하는 것은 고통이라는 이름을 가진 무서운 주인의 폭력에 예속되어 있기 때문이다.

그곳에서는 곳곳마다 육체적인 비참상이 대단하다. 유럽의 신문들이 그것에 대해서 쓰지 않는다고 해서 그것을 외면하고, 무시할 권리가 우리에게 있단 말인가? 우리들은 참으로 호강이다. 이곳 집에서는 누가 아프면 곧 의사가 있다. 수술할 필요가 있으면

슈바이처의 병원 앞에서 진료를 기다리는 환자들.

곧 병원 문이 열린다.

그러나 그곳에서 몇백만이 구제될 희망도 없이 병고에 시달린다는 것이 어떠한 것인가를 상상해보라. 날마다 몇천 명이 의술만 있으면 제거할 수 있는 무서운 고통에 괴로워한다. 날마다 많은, 참으로 많은 오두막 속에서 우리들이라면 쫓아버릴 수 있는 절망이 그들을 지배한다. 누구든지 10년 동안 의사 없이 가정 생활을 한다고 했다면! 우리들은 잠에서 깨어나서 우리들의 책임을 알게 될 것이다.

모든 나라의 백인들은 먼 나라들을 발견한 후로 유색인종에게 무엇을 해왔는가? 예수의 이름으로 치장한 유럽인이 간 곳에서는 많은 민족이 사멸했고, 또 어떤 민족은 사멸하고 있든가. 끊임없이 인구가 감소하고 있다는 사실, 그것은 무엇을 의미하는가! 저 여러 민족이 몇 세기 동안 유럽의 여러 민족에게서 받은 부정과 잔학을 누가 다 적어낼 수 있을까? 우리가 그들에게 전한 브랜디와 추악한 병이, 그들 사이에 만들어낸 참해를 누가 감히 재어볼 수 있을까!

역사가 백인과 유색인종 사이에 일어난 모든 것을 한 권의 책으로 기록한다면, 어떤 부분에서는 내용이 너무도 참혹해 읽지도 않고 넘겨버려야 할 페이지가 많을 것이다.

우리들과 우리들의 문화는 커다란 죄과의 짐을 지고 있다. 그곳 사람들에게 선행을 하는가 하지 않는가 문제는 전혀 우리들의 자유가 아니다. 우리들은 그것을 하지 않으면 안 된다. 우리들이 그들에게 하는 선행은 자선이 아니라 속죄인 것이다. 고통을 퍼뜨린 사람 하나에 대해 다른 한 사람이 대신 가서 도움을 주어야 한다. 그리고 우리 힘이 자라는 데까지 모든 일을 했다고 하더라도 우리들은 아직 죄의 천 분의 일도 속죄하지 못했다. 이것이 그곳에서의 모든 '사랑의 사업'을 고려할 때 토대가 되어야 할 기초다.

그러므로 식민지를 소유하는 여러 국민은 이 소유와 함께 그곳 원주민에 대한 엄청나게 큰 인간적 책임을 지게 된다는 것을 알지 않으면 안 된다.

물론 여러 국가도 국가로서의 속죄를 원조하지 않으면 안 된다. 그러나 국가는 사회에 그렇게 하려는 의향이 존재할 때 비로소 그러한 일을 할 수 있다. 더구나 인도적인 과제는 그 본질이 사회와 개인의 일이므로 국가만으로는 그러한 과제를 해결할 수가 없다.

국가는 임용할 수 있는 한도 내에서, 그리고 식민지 재정이 허용하는 한도 내에서밖에는 의사를 파견하지 못한다. 도저히 충분하다고 할 수 없는 식민지 의무관의 자리를 메울 정도의 의사조차도 갖추지 못한 식민지 점령국이 있다는 것은 널리 알려진 사실이다. 그러므로 인도적인 의술 사업은 주로 사회와 개인의 일이 된다. 자유의사로 유색인종에게 가서 세상에서 잊힌 임지에서 위험한 풍토를 감내하며 겪어야 할 괴로운 생활이나 고향과 문명에서 격리됨으로써 발생하는 모든 일을 스스로 받아들이는 의사들이 필요하다.

이러한 의사들에게 나는 나의 경험으로 말할 수 있다. 그들은 그들이 할 수 있는 선행 속에서 그들이 포기한 모든 것에 대한 풍성한 보수를 찾아낼 수 있을 거라고.

그러나 그들은 대개 그곳의 불쌍한 사람들 사이에서 자신의 활동 비용과 생활 비용을 조금도 조달할 수가 없든가, 혹은 할 수 있더라도 충분하지가 못하다. 그래서 그들에게 필요한 것을 조달해 줄 사람들이 고향에 살고 있지 않으면 안 된다. 이것은 우리들 모두가 해야만 하는 일이다. 그러나 그러한 일을 일반인들이 이해하고 인정하게 되기 전에, 누가 이러한 일을 먼저 시작해야만 하는가?

'고통으로 낙인찍힌 자의 협회'가 해야 한다.

그렇다면 이들은 누구인가?

불안과 육체적 고통이 어떠한가를 경험한 사람들은 전 세계를 통해 서로 하나로 연결되어 있다. 한 가닥 신비한 줄이 그들을 연결하는 것이다. 그들은 인간을 지배할 수 있는 무서운 힘이 무엇인지를 알고, 또 그 고통에서 벗어나고 싶다는 동경이 무엇인지를 안다.

고통에서 구제된 자는 이제 자기는 다시 자유롭게 되었으므로 전의 인생으로 되돌아갈 수 있다고 생각해서는 안 된다. 고통과 불안에 대해 알게 되었으므로 다소나마 인간의 힘으로 할 수 있는 데까지는 고통과 불안을 막아내는 데, 그리고 자기가 구제되었듯이 남을 구제하는 데 조력해야 한다.

의술의 도움으로 중병에서 구제된 자는, 자신이 구제자를 얻었듯이 내버려두면 의사의 치료를 받을 수 없는 사람들이 구제자를 얻을 수 있도록 도움을 주어야 한다.

수술로써 죽음이나 괴로움에서 벗어난 자는 지금도 여전히 죽음과 괴로움이 마음대로 지배하는 곳에서 자비로운 마취제와 구제할 수 있는 힘을 가진 메스가 그 일을 시작할 수 있도록 도와야 한다.

의술의 도움으로 자신의 자식을 차가운 대지에 맡기지 않을 수 있었던 어머니는 아직 의사가 없는 곳에 사는 불쌍한 어머니도 자기가 면한 것을 면할 수 있도록 도와야 한다.

어떤 사람이 임종의 괴로움이 극에 달하게 되었을 때 의술로 편안하게 되었으면, 그 침상을 둘러쌌던 사람들은 다른 사람들의 괴로움에도 똑같은 마지막 위안이 그들의 사랑으로 나뉠 수 있도록 도와야 한다.

바로 이러한 일을 하는 것이 식민지에서 인도적인 의술 사업을 책임지는 '고통으로 낙인찍힌 자의 협회'다. 이 사람들의 감사의 선물을 가지고서 저 사업은 이루어져야 한다. 이 사람들의 위탁으로 의사들이 먼 곳에 있는 불쌍한 사람들 속에서 인류 문화라는 이름으로 실행되지 않으면 안 될 것을 실행하기 위해서 떠나가야 한다.

내가 여기서 말한 이념은 조만간 전 세계를 정복할 것이다. 왜냐하면 그것은 확고한 논리를 가졌고 사색도 마음도 강제하기 때문이다.

그러나 지금이 이 이념을 세계로 보내는 시기로 적합할까? 유럽은 황폐하고 비참하다. 우리들의 눈이 닿는 바로 가까운 곳에 수많은 곤궁함이 있다. 그런데 어떻게 우리가 먼 곳의 일을 생각할 수 있을까?

진리에는 시간이 없다. 진리의 시기는 언제나 와 있으며, 그것이 가장 시기에 맞지 않는 것처럼 보일 때가 바로 그때이다. 가까이 있는 곤궁과 먼 곳에 있는 곤궁에 대한 배려는, 양자가 서로 충분히 많은 인간을 배려 없는 상태에서 눈뜨게 하고 새로운 인도정신을 되살려내면 일치한다.

또한, "'고통으로 낙인찍힌 자의 협회'가 우선 한 사람의 의사를 이곳으로, 다른 한 사람의 의사를 저곳으로 보낸다고 해서 이토록 광범위한 세계의 참상이 어떻게 달라지겠는가?"라고 말해서는 안 된다.

나 자신의 경험과 모든 식민지 의사들의 경험으로 미루어 나는 대답한다. 그곳에서는 아주 적은 자금밖에 없는 단 한 사람의 의사도 많은 사람에게 커다란 의미가 있다. 그가 해낼 수 있는 사업은 그가 자기의 생활 속에서 바치는 것을 훨씬 능가하는 것이며, 그의 생계를 위해 기부된 사금의 백 배도 더 될 것이다. 말라리아를 위한 키니네와 비소, 궤양에 따르는 여러 가지 합병증을 막기 위한 노바르젠 벤졸, 이질을 치료하기 위한 에메틴, 극히 필요한 수술을 위한 재료와 지식, 이것들만을 갖추고 있으면, 의사는 내

버려두면 절망하며 운명에 굴복해야 할 사람을 일 년에 몇백 명이나 고통과 죽음의 폭력에서 구해낼 수가 있다. 마침 최근 15년 동안에 이루어진 열대 의학의 진보는 우리들에게 먼 나라 사람들의 많은 병고를 치유할 기적적인 힘을 준다. 이것은 우리들을 이끄는 목소리가 아닐까?

나 자신은, 1918년 이후로 좋지 않던 건강도 두 번의 수술로 회복되었고, 전쟁 중에 아프리카에서 사업 때문에 진 빚을 갚을 돈을 오르간 연주회와 강연으로 마련했으므로, 저 먼 나라의 비참한 사람들 속에서 활동을 계속할 결심을 할 수 있게 되었다. 내가 닦아놓은 나의 사업은 전쟁 중에 무너져버렸다. 그 사업을 유지해주려고 각국에서 도와주던 후원자들은 세계적인 사건으로 인해 앞날을 가늠할 수 없게 되어버렸다. 계속 후원을 해줄 만한 친구들은 대개가 전쟁 때문에 가난해지고 말았다. 자금을 모으기는 어려울 것이다. 더구나 자금은 전쟁 전보다도 훨씬 많아야 한다. 아무리 소규모 사업을 예정해도 이번 비용은 지난번의 세 배는 될 것이다.

그럼에도 나는 용기에 차 있다. 내가 보고 온 비참상이 나에게 용기를 주며, 인간에 대한 신뢰가 나의 희망을 뒷받침한다. 나는 자기 자신이 육체적 고난에서 구제되었기 때문에 같은 고난 속에 있는 사람들을 위해 감사의 제물을 바칠 것을 거절하지 않을 많은 사람을 발견하게 되리라 믿고 싶다……. 나는, 우리가 곧 고통으로 낙인찍힌 자의 협회에서 세계 이곳저곳으로 파견될 많은 의사를 동조자로 가질 수 있기를 희망한다…….

스트라스부르, 성 니콜라이 교회 옆에서

1920년 8월

슈바이처 박사의 생애

랑바레네 마을은 프랑스령 적도 아프리카로, 적도 남방 아프리카 서해안 가까운 곳에 위치하고 있다. 오고우에 강 연안에 있는 이 지역에 알베르트 슈바이처 박사가 병원을 세우기 위해서 온 것은 1913년이었다. 그 이래 세계 중심부에서 이 멀고 먼 원시림 속으로, 각계각층 사람들이 그 훌륭한 사람을 만나기 위해 모여들었다. 그는 1953년 노벨 평화상을 받았다.

그러나 알베르트 슈바이처 박사의 명성은 다만 적도 직하의 정글에 병원을 세웠기 때문만은 아니다. 의사 가운데는 멀리 떨어진 타국에서 병원을 세운 사람도 있다. 그 가운데는 더 훌륭한 설비를 갖춘 병원도 있다. 하지만 슈바이처가 알려진 것은 그의 수많은 재능의 넓이와, 그 재능을 사용하는 데 공동의 목적을 위해서 기치를 높이 들었기 때문이다. 그는 의학박사이며 동시에 음악, 철학, 신학 박사였다. 그러한 모든 분야에 걸친 그의 책들은 수많은 외국어로 번역되었다. 그의 철학 사상은 두 세대에 걸쳐 사람들에게 깊은 감화를 주었다. 신학자로서 그는 자기가 설교한 것을 실행했으며 그의 삶의 주제는 '삶에의 외경'이다. 그것을 그는 무덥고 습도가 높은 아프리카에서 실행함으로써 이 집단적으로 증오받은 시대에, 인간이 인간에 대해서 갖는 신뢰의 상징이 되었고, 사람들에게 크나큰 동정의 표본이 되었다.

슈바이처 박사의 음악, 철학 및 신학에 대한 흥미는 유전이라고 볼 수 있을 정도다. 그의 할아버지는 오르가니스트이자 학교 교사였다. 그의 아버지는 알자스의 훌륭한 목사였으며, 그의 유년시대의 집은 뮌스터 골짜기에 있는 목사관이었다. 프로테스탄트와 가톨릭 예배가 함께 이루어지는 귄스바흐 마을 교회에서의 경험은 그에게 상당히 깊은 감화를 주었다.

"근엄한 것에 이끌리는 기분, 그리하여 정적과 조용한 것을 얻고자 하는 마음, 이 두 가지를 제쳐놓고는 나 자신의 생활을 생각할 수는 없지만, 오랫동안 그것을 몸에 익히게 된 것은 어릴 때 예배에 출석했기 때문이다"라고 그는 말한다.

여덟 살이 되었을 때 파이프오르간을 연주하기 시작해, 아홉 살에는 교회 예배에서 오르가니스트 대리 역할을 하게 되었다.

그는 뮐하우젠 학교에서 대학에 진학할 준비를 했는데, 그때 역사와 자연과학에 강한 흥미를 갖게 되었다. 그러나 스트라스부르 대학에서 그가 모든 시간을 소비한 것은 음악 이론, 철학 그리고 신학에 관한 삼위일체라고 하는 것이었다. 1899년에는 칸트의 종교철학에 관해 논문을 써서 철학 학위를 받았고 또한 1900년에는 우수한 성적으로 신학 학위를 받았다.

튀빙겐을 방문했을 때 슈바이처를 환영하려고 모여든 사람들에게
발코니에서 그가 화답하고 있다.

대학 시절, 그는 파리에 유학해 생 쉴피스 교회의 전속 오르가
니스트이며 작곡가였던 샤를 마리 위도르와 더불어 파이프오르간
을 공부했다. 이 제자는 배우는 선생이기도 한 위도르를 가르치기
조차 했다.

슈바이처의 젊은 나날은 행복, 바로 그것이었다. "행복이라는

것은 즐거움을 맛볼 때 생기는 것"이라고 바이런이 말했지만, 이 알자스 태생의 청년에게는 행복이란 고통을 맛볼 때 생겨나는 것이었다. 그는 후년에 이렇게 썼다.

"하나의 경험으로 내 유년시대부터 나를 둘러싸고 있는 행복에 더욱 행복이 더해졌다. 내가 말하는 의미는 내 주위 세계에 흩어져 있는 고통에 대한 깊은 동정이라는 것이다. ……누구든지 고통을 맛본 사람이라면 다른 사람의 고통을 덜어줄 책임과 의무를 느껴야 할 것이다. 우리들은 이 세상에 있는 불행의 무거운 짐을 덜어주기 위해서 함께 일하지 않으면 안 된다."

스물한 살 때, 슈바이처는 서른까지는 학문과 예술을 위해 살고, 그때부터는 사람들에게 직접 봉사하기 위해 자신의 모든 재능을 바치기로 결심했다. 슈바이처는 그 결심을 행동으로 옮겼다. 그는 서른 살이 되던 생일에 의학을 공부해 의사로서 아프리카에 갈 것을 결심했다. 그의 생각을 돌려보려고 가족이나 위도르, 로맹 롤랑 같은 친구들이 만류했지만 듣지 않았다.

그러나 그가 걸어온 길은 그리 순탄하지 않았다. 어느 해엔가 그는 이렇게 술회했다. "선을 행하고자 결심했다면 다른 사람이 자기를 위해서 길 위에 있는 돌을 치워줄 것을 기대해서는 안 된다. 오히려 노상에 돌이 쌓여 있다는 것을 숙명적으로 각오하지 않으면 안 된다." 그는 스트라스부르에 있는 성 토마스 신학교 기숙사의 사감을 그만두었다. 이 지위는 임시로 인수한 것이었는데 다음에 영구적으로 임명되었던 것이다. 그는 자기가 좋아하는 역사와 철학 연구를 그만두고, 파이프오르간 연주와 제작에 쏟는 시간을 최대한으로 줄여 마침내 의학 공부를 시작했다.

슈바이처는 그의 생애 가운데 의학 공부를 하던 7년간의 시절을 더듬어 "끊임없는 분투와 피로의 몇 년간"이라 말한다. 공부에 박차를 가하는 한편, 거의 매주 일요일에는 설교를 하며, 한편으로는 파리 바흐 협회, 스페인의 올페오 가다라(스페인의 유명한 합창대)와 매년 약속이 있어서 많은 파이프오르간 연주회를 가졌다. 저작 활동 또한 계속했다.

1905년 그는 의학 공부를 시작해 마침내 바흐의 전기를 프랑스어 판으로 출판했는데 이 방대한 작품(영어판은 두 권)을 그 후 독일어로 고쳐 썼다. 1906년에는 또 다른 대작 《예수 생애 연구사》를 출판했는데 이것은 금세기에 출판된 신학사 가운데 가장 영향력 있는 책으로 평가받아 그동안 수많은 나라에서 번역 출판되었다. 바울에 관한 두 개의 저작 가운데 하나는 이 시기에 씌어졌으며 오르간 제작과 연주법에 관한 저작도, 위도르와 공동 작업한 바흐의 오르간 작품집도 이 시기에 씌어졌다.

1911년이 저물 무렵 슈바이처는 최종 의학 시험을 치렀다. 그 다음해 그는 논문 〈예수 : 정신의학적 고찰〉을 썼고, 병원에서는 인턴으로 일하며 스트라스부르 대학 역사가의 딸인 헬렌 브레스트와 결혼했다. 1913년, 이제 아프리카로 떠날 만반의 준비가 되었다. 파이프오르간 연주회에서 번 수입도, 저작의 인세도, 그와 아내의 여행과 의료품을 위해 친구들이 보내준 기부금도 전부 가지고 떠났다. 이상의 세 가지는 40년 이상 동안 그의 유일한 수입원이었다. 그의 생활을 도와주는 단체도 없었지만 그와 그의 동료인 의사나 간호사들도 최소한의 필요 이상으로 돈을 가진 일이 없다. 파리 복음선교회에서도 경제적 원조를 받지 않고 다만 스스로의 후원으로 슈바이처 부부는 1913년 배를 타고 아프리카로 갔다.

전쟁은 그가 프랑스령 적도 아프리카에 도착한 지 1년 4개월 만에 일어났다. 원시림을 베고 병원을 세우는 일을 순조롭게 이끌어나갈 만한 시간적 여유는 거의 없었다. 연말까지는 거의 2천 명에 달하는 환자에 대한 건물과 설비 부족을 무엇으로든 보충하지 않으면 안 되었기 때문이다. 환자는 그곳 주민들이 알고 있는 유일한 구급차라는 카누를 타고 300킬로미터나 떨어진 곳에서 찾아왔다.

1914년 8월 5일 슈바이처 박사 부부는 그들이 알자스 인이기 때문에 포로로 송환되었으나 4개월 후 위도르의 중재로 풀려나 병원 일을 계속할 수 있었다. 그럴 때도 슈바이처는 자기 시간을 낭비하지 않았다. 그는 무엇보다 중요한 일, 즉 사색의 여가를 얻었던 것이다. 그는 대학 시절부터 사색에 대한 일반인의 경시와 불신을 보고 씁쓸해했다. 사람들이 인류의 진보를 과장할 때 그는 '지적·정신적인 특별한 피로가 증대하고 있는 것'에 마음을 두었다. 그는 문화와 기독교에 대한 의혹을 설교 중에 말한 일이 있지만 그러나 그의 비관론을 마음속에 감추고 말하지 않았다. 이제는 '문화의 퇴폐의 결과로서' 전쟁이 시작되었다.

그는 의학 학교 시절 런던에 있는 출판사에서 문화철학에 대한 책의 집필을 의뢰받은 일이 있었다. 그래서 포로 수용소에 있었던 몇 개월 동안 '문화의 퇴폐'에 대한 글을 썼다.

1915년 여름이 왔다. 슈바이처는 세계가 혼수상태에 빠져 있는 듯한 기분이 들어 문화 재건에 대해서 글을 쓰기 시작했다. 그는 세계가 건전한 윤리를 잃었다고 생각했다. 세계나 인생의 윤리적 긍정이 결핍되어 있다. 이 긍정적인 태도는 생명이 있는 것이라면 '내적이며 윤리적인' 것이 아니면 안 된다는 것이다.

"몇 달 동안이나 나는 부단한 마음의 흥분 속에서 살았다. 계속해서 이 윤리 문제에 집중하고…… 아무 결과도 얻지 못한 나는 길도 없는 밀림을 헤매면서 닫힌 철문을 떠미는 격이었다. …… 이러한 정신 상태에 있을 때 나는 강을 거슬러 긴 여행을 하지 않으면 안 되었다. ……배는 어려운 모래펄 사이를 헤치며 강을 거슬러 느릿느릿 올라갔다. 마침 건계였다. 나는 배의 갑판에 망연히 앉아 있었다. 심중에는 어떤 철학서에서도 발견하지 못한 근본적이고 보편적인 윤리 개념을 고심하면서……. 사흘째 되던 날 해질 무렵 하마 떼를 헤치고 배가 나아갈 때 갑자기 지금까지 예감하지 않고는 얻을 수조차 없는 '삶에의 외경'이라는 말이 뇌리에 떠올랐다. 드디어 철문은 열렸다! 밀림의 길이 보이기 시작한 것이다. 이제 나는 세계 및 인생 긍정과 윤리를 함께 포괄하는 관

슈바이처의 아내 헬렌.

넘에 도달한 것이었다."

그는 1917년 일반 시민 억류자로 부인과 함께 프랑스에 송환된 뒤에도 철학 저작을 계속했다. 1918년 7월 포로 교환에 따라 그들은 알자스의 집으로 돌아가도록 허락받았다. 그는 병이 생겨 수술을 받아야 했지만 전쟁으로 지친 평화로운 유럽에서 그의 생활은 차츰 생기를 되찾아갔다. 생활비를 마련하고 전쟁 중에 진 빚을 갚고 랑바레네에서 다시 일을 계속하기 위해 슈바이처는 스트라스부르 시립병원에서 내과 의사직을 맡고, 그가 전에 목회했던 성 니콜라이 교회 설교단에서 다시 설교를 시작했다. 강연과 파이프오르간 연주를 위해 1919년부터 1923년 사이에 그는 스위스, 스페인, 유고슬라비아, 스웨덴, 덴마크, 영국을 방문했다. 저서로 받는 인세는 그가 아프리카로 돌아갈 비용을 만들고자 저금했다. 그즈음에 이 책《물과 원시림 사이에서》와 《기독교와 세계의 종교》가 씌어졌다.《문화철학》제2권도 출간되고 1924년 2월 아프리카로의 두 번째 여행에 오르기 전에《살아 있는 기(記)》를 썼다.

슈바이처 부인은 건강이 좋지 않았을 뿐 아니라 1919년 의사의 탄생일에 낳은 어린 딸 레나를 돌봐주어야 했기 때문에 아프리카로 돌아갈 수가 없었다. 7년 동안 비워둔 병원의 토지는 원시림에 점령당해서 들어갈 수조차 없었다. 유럽의 의사가 랑바레네로 돌아왔다는 소식이 퍼지자 병원으로 환자가 모여들기 시작했다. 전에는 주로 갈로아 족과 파우앵 족이 왔지만 이제는 열 개 종족에서 모여드는 환자가 병원 숙소에 넘쳤는데 그 중에는 미개 종족도 섞여 있어 언어 혼란은 한층 가중되었다. 병원 일이 눈코 뜰 새 없이 바쁜 데다가 슈바이처 자신이 다리에 궤양이 생겨 환자가 되어 버렸다.

"만인의 의사가 되려고 여기까지 오다니 이게 무슨 바보 짓이었던가"라고 어느 날 그는 탄식했다. 그를 돕던 조수 요제프는 대답했다. "그렇습니다. 선생님 당신은 지상에서는 큰 바보입니다. 그러나 천국에서는 그렇지 않습니다."

그곳에는 많은 건물이 필요했지만 작업할 사람의 수는 적었다. 역병 뒤에는 기근이 왔기 때문이다. 슈바이처는 다음과 같이 썼다. "병원에는 일할 남자가 한 사람도 없어서 내가 직접 충실한 동

노년의 슈바이처 부부.

료 두 사람의 손을 빌려 대들보를 세우고 마루를 까는데 돌연 흰옷을 입은 흑인이 눈에 띄었다. 그는 어느 병자의 방문객같이 앉아 있었다. 그래서 급히 '여보게! 손 좀 잠깐 빌리세' 하고 소리쳤다. '저는 인텔리입니다. 나무를 나르는 일은 하지 않습니다'라고 대답했다. 나는 말했다. '운이 좋은 사람이군. 나도 인텔리가 되려고 생각했지만 결국 안 되더군.' "

전염병이 유행하자 병원 숙소를 더 넓은 부지로 옮겨 병원을 확장해야겠다는 확신이 차츰 그에게 굳어졌다. 그래서 그는 새로운 건물과 농원과 과수원을 만들려고 강 위에 4킬로미터나 토지를 넓히기로 했다. 다행히 의사 두 사람이 유럽에서 왔기 때문에 이 사람들과 두 간호사에게 의료상의 책임을 전부 맡기고 그는 1년 반 동안 나무를 베어내고 토지를 넓히는 건축 공사를 감독했다. 이러한 일을 하고 학문에서 멀리 떨어져 있을 때 프라하 대학에서 철학 명예박사 학위를 수여한다는 통지를 받았다.

수술실과 진료실이 있는 병원 본관을 처음 완성하고 1927년 여름, 환자를 새 병원 숙소로, 직원을 새 숙사로 옮기는 일을 마치고 나서 그는 유럽으로 가는 여정에 올랐다. 그는 강을 내려오며 지나간 3년 동안의 노동을 돌아보았다. 그의 마음에는 즐거움과 쓸쓸함이 엇갈렸다. 아마도 즐거움이란 은혜를 입어 사업에 성공했다는 겸손한 생각이었고, 슬픔이란 그의 제2의 고향이 된, 그의 대부분의 생애를 보낸 아프리카를 떠나는 것 때문이었는지도 모른다.

그는 3년 반 만에 다시 유럽으로 돌아와 쾨니히스베르크에서 부인과 딸을 만났으나 잠시도 쉴 틈이 없었다. 의사는 그에게 휴식을 명했지만 일과 연주회 그리고 강연을 위해 여행을 계속했다. 그러는 중에도 그는 항상 랑바레네와 연락을 하며 병원 일을 지시하고 부족한 약품을 보내기도 했다. 말하자면 이 귀국은 다시 랑바레네로 돌아가기 위한 귀국이었던 것이다. 그리고 슈바이처는 다시 그 봉사의 땅 아프리카로 돌아갔다.

이후 세계의 시선은 깊은 관심과 애정으로 끊임없는 그의 활동을 주시했다. 1939년에 일어난 2차 세계대전을 정점으로 많은 고통을 치러야 했던 인류는 그의 따뜻한 인간애와 불굴의 인간 혼에 공감했다.

세계는 1954년도 노벨 평화상을 그에게 헌정했다. 그러나 수상의 기쁨은 슈바이처에게는 그 상금으로 병원을 개선하고 확장하는 것 이상의 기쁨은 아니었다. 그에게는 이미 1928년에 괴테 상이 주어졌고, 1951년에는 아카데미 프랑세즈 회원에 선출되는 영예가 주어졌다. 아마도 슈바이처는 1960년 가봉 공화국이 흑인에게 베푼 감사를 담아 서훈한 가봉 최고의 훈장인 적도 성십자 훈장을 더 값지게 여겼을지도 모른다. 또 슈바이처는 노벨 평화상 수상 3년 후 오슬로 방송을 통해 그의 '삶에의 외경' 사상에 입각한 원폭실험 중지를 세계에 호소하기도 했다.

이러는 동안 그에게도 슬픔이 닥쳐왔다. 그를 40년간 뒷바라지해온 부인 헬렌이 79세(1957년)를 일기로 세상을 떠난 것이다.

슈바이처 박사의 책상.

슈바이처는 이 슬픔을 바쁜 병원 일과 저작 활동으로 이겨나갔다.

생명에의 존중에 눈떠 평생을 아프리카 오지에 던진 이 위대한 인류의 봉사자는 음악가로서, 철학가로서의 명성을 뒤로하고, 세속인의 행복도 잊고 모든 것을 오직 아프리카 토인들을 구원하는 데 바쳤다. 1965년 9월 4일 슈바이처는 그가 평생을 바쳐 이룩해 놓은 랑바레네의 병실에서 딸 레나가 지켜보는 가운데 조용히 눈을 감았다. 랑바레네의 등불이 꺼진 것이다.

옮긴이

옮긴이 **송영택**
서울대학교 문리과대학 독문과를 졸업하고
서울대학교 강사로 재직했으며, 시인으로 활동하면서
한국문인협회 사무국장과 이사를 역임했다.
저서로는 시집《너와 나의 목숨을 위하여》가 있고,
번역서로는 괴테《젊은 베르테르의 슬픔》,
릴케《말테의 수기》,《어느 시인의 고백》,《릴케 시집》,《릴케 후기 시집》,
헤세《데미안》,《수레바퀴 아래서》,《헤르만 헤세 시집》,
힐티《잠 못 이루는 밤을 위하여》, 레마르크《개선문》 등이 있다.

물과 원시림 사이에서

1판 1쇄 발행 1976년 5월 20일
4판 재쇄 발행 2020년 9월 30일

지은이 알베르트 슈바이처 | **옮긴이** 송영택
펴낸곳 (주)문예출판사 | **펴낸이** 전준배
출판등록 1966. 12. 2. 제1-134호
주소 03992 서울시 마포구 월드컵북로 6길 30
전화 393-5681 | **팩스** 393-5685
홈페이지 www.moonye.com | **블로그** blog.naver.com/imoonye
페이스북 www.facebook.com/moonyepublishing | **이메일** info@moonye.com

ISBN 978-89-310-0104-4 03100